세상에서 가장 아름다운 분재 만들기

盆栽藝術
기본 수형과 분석

머리말

　인간은 유구한 세월, 자연과 더불어 삶을 영위하며 위대한 자연을 동경하고 그 속에서 자연의 섭리와 진리를 터득하여 오늘의 문화생활에 이르렀다. 특히, 동양인은 정서적으로 자연미를 추구하여 축경식 정원을 창작, 의미 있게 조성하여 즐김으로써 생활 속에 자연을 가까이 하는 습성을 지니게 되었다. 인간의 본성이 식물을 좋아하여 자연의 오묘함을 분에 담아 분재라 하였다. 분재의 근본은 자연의 정취를 인위적으로 아름답게 만들어 감상하는 것이며, 이를 통해 정신적 안위와 예술 문화를 취하는 것을 분재의 미美라 하겠다.

　자연미가 단순히 자연 그대로의 것을 말하는 것이라면 예술은 자연의 산물 그 자체가 아니라 오직 인위적인 창작 행위에 의해서만 창조되는 것을 말하며 분재예술 역시 같은 맥락에서 생각할 수 있다. 한층 더 큰 매력이라면 자연에서 소재를 얻는 특수성과 장구한 세월 동안 인내와 고뇌를 극복하며 아름다움을 창조하는 진실된 '조형예술造形藝術' 이라는 것이다.

　과학이 날로 발전하는 21세기에 이르러 분재계의 신세대들은 컴퓨터에 분재수형 형태를 입력하여 수형의 좋고 나쁨을 가리며 창작에 임하게 되었다. 그러나 아직도 분재에 대한 사회적인 처우는 일반적인 예술 문화에 미치지 못하고 있는 실정이다. 분재 교육이나 창작에 있어서 현재까지 이렇다 할 예술적인 학술이 정립되지 않았으며, 교육적·예술적 지론主論과 형태적인 이론이 미흡하기 때문이다.

　이러한 관점에서 분재를 창작할 때는 구체적이고 명확한 조형 예술의 근본 원리와 표현

방법 등을 익혀 그것을 실제에 적용해야 할 것이다. 이를 위해서 분재예술의 입문자로부터 기성작가에 이르기까지 시대적 사명감을 가지고, 선험先驗적 사고에서 벗어나 현 시대적 감응력感應力으로 모든 관념을 새로이 할 필요가 있다. 분재인들은 아름다움美을 창조하는 주체로서의 사고와 이상을 가져야 한다.

　조형 예술품은 모두 그에 합당한 학술學術이라는 것이 내재되어 있다. 분재 예술 또한 창작된 작품이기에 내재된 미적 규범과 질서로서 아름다움美을 지니고 있어 제3의 관람자는 스스로 예술품의 좋고 나쁨을 느끼고 평가할 수 있는 것이다. 이러한 미적 인식은 선험적先驗的으로나 경험적으로 인간의 뇌리에 축적되어 있으므로 누구나 분재를 창작할 수 있고 분재의 예술미를 즐길 수 있는 것이다.

　그러므로 분재 창작에 조형예술의 규범과 표준화된 기본 지침을 정립하는 일이 무엇보다 중요하고 시급하다. 이에 대한 학예學藝적 지론은 이미 다방면으로 학문화되어 있으므로 그 기초이론을 토대로 분재미학盆栽美學에 접속 발전시켜 '구도構圖의 기초에서 분석分析과 평론評論까지' 합리적이고 미래지향적인 체계로 정립해 나아가야 할 것이다. 이를 위해서는 자연미 의식에서 발달된 유미주의唯美主義 즉, 예술지상주의적 개념槪念과 관념觀念, 사고思考로 전환하여 창작하여야 한다.

　이렇게만 된다면 후대들은 물론 분재인 모두는 작가와 예술가로 인정받을 것이며, 분재 선진국으로 나아갈 수 있을 것이다. 그러므로 이는 '나'가 아니라 '우리 모두'가 공감하고 제창하여 꼭 성취해야 할 과제이다.

德庵 金廣濟

목 차

머리말 3

제1장 분재盆栽의 미美   9

   제1절 분재盆栽의 정의定義   12
   제2절 분재사盆栽史의 고찰考察   14
   제3절 우리나라 분재盆栽의 문제점問題點과 분재인盆栽人   20

제2장 분재盆栽의 미학美學   25

   제1절 분재盆栽의 기본基本 이론理論   27
   제2절 예술藝術의 기본基本 이론理論   30
   제3절 미학美學과 분재盆栽 감상鑑賞의 기초基礎 이론理論   39
   제4절 분재盆栽 수형樹形의 분석分析 평가評價   52

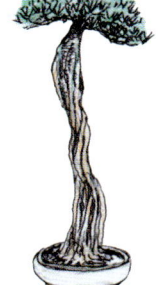

제3장 분재수盆栽樹의 조건條件 및 분류分類   63

   제1절 분재수盆栽樹의 조건條件   65
   제2절 분재盆栽의 분류分類   69
   제3절 분재盆栽의 수형樹形   72

제4장 분재盆栽의 기본基本 수형樹形   77

제1절 직간直幹   79
제2절 쌍간雙幹과 삼간三幹   84
제3절 모양목模樣木   94
제4절 사간斜幹   100
제5절 문인목文人木   107
제6절 반간蟠幹   113
제7절 현애懸崖   119
제8절 취류吹流   126
제9절 주립株立   129
제10절 연근連根   133
제11절 합식合植   135
제12절 선형扇形   142
제13절 추형箒形   145
제14절 근상根上   146
제15절 근석부根石付   150
제16절 석부石付   153
제17절 사리간舍利幹과 신간神幹   157
제18절 분경盆景   164
제19절 개심형開心形   172
제20절 선비나무형   177

제5장 분재盆栽 기술技術　185
　제1절 철사 걸이의 이론理論과 기법技法　187

제6장 월별분재관리　197

부록 | 초물분재　231

1장

분재盆栽의 미美

분재盆栽의 미美

분재의 본 의미는 우주만물 중에서도 식물의 신비스러움을 다루는 것이다. 이 신비함과 기묘함을 우리들이 어떤 눈으로 보았으며, 또 무슨 생각으로 보아왔을까? 잎이 피면 싱그럽고, 꽃이 피면 그저 '예쁘다'라고 단순하게 느끼지만 이 세계에는 엄격한 규범이 있고 질서가 있으며 남을 해치지 않는 도덕이 존재하고 있다.

식물과 인간은 유구한 세월 동안 많은 진화를 거쳐 오면서 서로의 생존을 상호 존위存爲하며 번식, 변화하면서 서로 평온하게 살아왔다. 인간(특히 동양인)은 우주만물 중에서 미를 추구해 오면서 삼재미三才美라 하여 천지인天地人을 크게 지칭해 왔다. 인간은 자연 섭리에서 인의예지仁義禮智를 터득하며 생활과 생존의 규범을 배워 왔다. 그러나 현대문명이 급속히 발전하면서 자연과 인간, 인간과 자연 사이의 균형은 나날이 파괴되어 인간의 추몽追夢인 계수나무와 은하수도 사라졌고 땅도 울고 있어 인간이 자멸의 경지에 도달하였으며 그로 인하여 이제는 자연보호, 환경보호라는 말과 글로써 자연에 대하여 속죄를 구하는 시점에 달하였다.

오늘날의 우리들은 자연 속의 식물을 귀하게 여기게 되고 도시나 가정 안에 자연 경관을 재현하기를 갈구하게 되었으며 이런 견지에서 분재라는 식물적 예술의 매력에 끌리게 되었다. 분재는 곧 자연이요, 자연은 모든 예술의 근원체이며 일반적인 완성된 예술품에는 변화가 없으나 분재만은 시시각각으로 변화를 갖고 완성됨이 없다는 특성이 있기에 분재인은 자연의 위대함을 마음에 두는 겸손함과 심신의 수련을 쌓아가는 정서생활이란 면에 진실된 분재미盆栽美가 있다는 긍지와 자부심으로 분재 창작에 임하여야 한다.

제1절
분재의 정의

분재의 한자는 여덟 팔八, 칼 도刀, 접시 명皿, 흙 토土, 나무 목木, 싸울 과戈의 모듬 글자로 이를 풀이하면 '나무의 팔방을 칼로 다듬어서 흙으로 그릇에 심어 가꾼다.' 는 의미로 분재의 의의가 전부 설명된다. 여기에 작가의 의도와 조형미를 더하여 이해하면 될 것이다. 조형예술품의 창작에는 그 분야별로 가진 합리적인 수단 즉, 이치적이고 학술적이며 기능적으로 잘 표현되어 모든 이로 하여금 공감과 찬사를 받을 수 있는 결과를 가진 형상들을 예술품이라 할 때 분재미를 추구하려면 인위적인 기교와 자연스러운 구도, 전체적인 균형과 조화가 뒤따라야 하고 그러기 위해서는 구성학적 측면의 기초적인 형태부터 추구함이 당연하다. 그로써 표현되는 분재의 아름다움(분재의 미)은 다음과 같이 열거할 수 있다.

1. 자연미와 수형미(조형미)
2. 계절의 변화에서 오는 취향감趣向感
3. 생명력에 대한 존엄성과 연대감
4. 수종에 따른 특수성
5. 환경과의 조화로운 운치감韻致感
6. 뿌리의 생동감과 안정감
7. 줄기의 굴곡미 및 수피 색채미와 고태감古態感
8. 가지의 섬세한 미감
9. 잎의 생동적인 생기와 윤택감
10. 꽃의 색채감과 향기

11. 열매의 색채감 및 풍성함과 미각
12. 전체적인 구성적 형태미

위와 같이 분목을 음미하며 식물과의 교감 속에서 수목의 아름다움을 만끽하고 자연형태를 이상적인 수형으로 추구하여 이를 축소, 분기에 심어 식물의 미적 신비를 창조하며 수목의 생리적 구조와 인위적인 창작 의도를 기능적으로 잘 조화하여 배양하는 것이 분재이다.

제2절
분재사盆栽史의 고찰

분재사를 유래와 동기, 자연과 인간 또는 인간의 감성과 사회에 미치는 영향 등을 종합하여 말하기에는 많은 어려움이 있다. 그러나 모든 일에 있어서 근원을 무시하거나 과장해서는 안 되며 있는 그대로 밝혀야 할 것이다. 또한 알고 있는 그대로는 누구나 표의할 수 있기에 본인은 다음과 같이 요약해 본다.

자연이란 조물주의 힘으로 생성된 삼라만상으로 인위적인 간섭을 완전 배제한 원시상태를 말한다. 특히, 식물계는 지구의 생성과 더불어 선구적인 생명체로서 착생하면서 오랜 세월 동안 무수한 속종으로 번식해 왔다. 식물은 식생을 계속하면서 토양을 비옥하게 하고 모든 생명체의 먹이사슬의 근원이 되어 왔다.

인간은 만물의 영장이 되어 오랜 세월 동안 세대를 거듭하면서 자연의 진리를 통하여 우주 조합의 법칙인 오행설의 음양에 대한 이원화의 원리, 즉 기氣로서 일화日火. 월수月水의 이치와 목·화·토·금·수의 오행상생五行相生과 오행상극五行相剋의 진리를 깨닫게 되고 인의예지신仁義禮智信의 오상五常을 터득해 왔다. 두뇌의 무한한 신경 단위의 활동과 사고력의 발달로 심신 수련의 과정을 거쳐 인성적 능력이 발달하여 육안肉眼, 천안天眼, 혜안慧眼, 법안法眼이라는 안목을 갖게 되어 아름다움과 맛을 추구하고, 정신적 감성으로 이입하게 되었으며 이로써 오늘날의 예술 문화로 발전 정착하게 되었다.

기원전 3천 년경에 제작된 청동기 화병이 그리스에서 발굴된 것으로 미루어 인간이 인위적으로 용기(화분)에 식물을 심고 가꾸어 생활에 가까이 하기 시작한 것은 아주 오래된 일이라 짐작된다. 인류 사회는 문화와 과학의 발달로 생활방식이 변모하면서 식물의 가치를 더욱 중요하게 느끼게 되었고 공생의 필연적인 방법이 다원화되었다.

'분경盆景' 이란 어휘는 중국에서 시작되었고, 분재라는 용어는 우리나라와 일본에서 사용되었다. 중국을 중심으로 발달된 동양의 분재 문화 발달 과정을 중심으로 분재사를 살펴보자.

1 중국의 분경

중국에서 분경이라는 어휘는 '원림예술진품園林藝術珍品'으로 '경景'과 '분盆'의 '유기적 통일有機的 統一'이라는 뜻에서 생긴 것이다(1971).

재협서간능在陝西幹陵 발굴에서 장회태자의 묘벽화(신용2년 : 706년 건묘)에 분경을 들고 있는 남장여수봉분경男裝女手捧盆景이 발견되어 분재 역사의 중요한 유물로 고증되었다. 당시대(618) 백거이白居易의 시문에 분경시운盆景詩云'과 송시대(960~1279) 고궁 내 장하십팔학사도長河十八學士圖의 4폭에 유분송有盆松'과 '송암기松岩記'에서의 석부를 비롯하여 수많은 시화 사료가 남아 있다. 청나라 때에는 '분완盆玩', '분석盆石', '분수盆樹'로 구분 지칭하기도 했으며 '분중불작예술가공盆中不作藝術加工'이라는 말과 사시팔절四時八節의 경관이 기후조건에 따라 차이가 있기에 이를 '생명체적 예술품'으로 여겼다.

당대부터 분경의 형태가 분류 형성되기 시작하였으며, 그 밖에 저명 문인 소동파蘇東坡의 '육유도희시구陸游都喜詩句' 다수와 송두관宋杜綰의 '운림석보雲林石譜' 조희곡趙希鵠의 '동천청록洞天清綠'과 '괴석변怪石辯'의 산수분경작법 소개가 있고, 원대(1217~1368) 고위 승온상인僧韞上人이 타증운유사방他曾雲遊四方, 출입명산대천出入名山大川, 적루타소재積累他素材라 하며 성황기를 이루었다. 회족시인 평강온상인平江韞上人의 '부사자경賦些子景'의 시운詩云 다수와 명·청시대(1368~1911)부터는 더욱 성행하여 고찰된 '장물지長物志'에 분완편盆玩編, 군방보羣芳譜, 분경盆景, 소원석보素園石譜, 청대 진호자陣淏子의 '화경花鏡'에서 '종분취경법種盆取景法' 일절과 최고아자여천지송最高雅者如天之松의 '고가맹척설高呵孟尺設' 등의 수많은 고증과 사료들이 있다. 여기에서 괄목할 점은 중국사에 당대부터 일본 사절이 '중국적송수화분완적풍습축점전지일본中國的種樹和盆玩的風習逐漸傳至日本'이라 기술한 것으로 보아 분재 기술을 습득해 갔음을 알 수 있다.

중국 분재의 수형은 당대부터 형성되기 시작하였는데 중국은 국토가 광활하여 각 지역의 위치나 기후 조건의 차이에 따라 분재의 형태적 유파가 발달하였다. 남북의 양대 주류파로 크게 나누어

① 남파는 광동을 중심으로 광동파, 광서파, 복건성파가 있고,

② 북파는 장강 유역의 상해파, 소주파, 양주, 성도파, 남통파, 항주파 등 대표적인 유파가 형성되었다.

수형적 형태는 각파별로 약간의 차는 있지만 중국 문화 역사의 명성지인 소주파의 기본기를 예로 들면 다음과 같다. 창작 기법으로 지무촌직枝無寸直, 일촌삼만一寸三彎, 간좌화우幹左和右, 각신출삼개지各伸出三個枝(六台), 후향장출삼개지後向長出三個枝(三托), 가상일개정加上一個頂, 성 육태삼탁일정成 六台三托一頂 등의 기법을 정하여 발전하여 중국의 분경으로 자리 잡았다. 세계대전 이후에는 대만과 홍콩이 일본 분재 기법을 받아들여 일본식 분재 형식과 소재의 거래가 빈번해지면서 점차 본토까지 전파되어 분재 기술이 향상되고 있다. 소재 생산에서도 협동 농장화로 대량 생산하여 대만과 일본을 압도하는 소재 수출국으로 부상하고 있다.

최근 동향은 중국 제1회 분경 전시회를 1979년 북경에서 개최하여 천여 점이 출품되어 이를 계기로 정부의 적극적인 국고 지원 하에 1981년 12월에 대규모의 분재 실황 조사가 실시되었다. 1986년에는 무한에서 분경 심포지엄을 개최하고 4년마다 전시회를 가질 것을 결의하였다. 1985년은 상해에서, 1989년에는 무한에서 전시회를 개최하여 1,600 점이 출품되었다.

2 일본 분재

문헌을 살펴보면 일본의 분재는 중국의 영향을 받았음을 알 수 있는데 중국에서 남송 시대(1127~1229)때 전해져 명·청시대(1368~1911)에 성황기를 맞이하였다고 기록되어 있다.

1) 분재 발달 과정

일본 분재는 최근 50~60년 전부터 일본 전통 분재 기술을 이어가면서 신기술 개발과 발전을 거듭하고 있다. 일본은 중국에서 직접적인 영향을 받았다는 문헌상의 기록은 볼 수 있으나 안타깝게도 우리나라에서 전해졌다는 기록은 없다.(일본 문헌에 분재가 한국을 거쳐 일본에 전해졌다는 사료史料가 없음은 유감이다.) 필자가 일본 분재협회에 일본 분재 역사에 대한 자료를 요청한 적이 있으나 현재 일본에서도 분재사에 대해 뚜렷이 고증 정리된 자료는 없고 현재 연구 발굴 중이라고 답해 왔다.

지금까지 고증된 것으로는 약 7,000년 전의 '춘일권현험기회春日權現驗記繪'(1309)의 회권繪卷에 노송과 석부 그림이 있고, 강호시대 중기(1800) '부세회浮世繪'에 분재가 많이 그려져 있으며, 상류층과 무가武家사회에서 애완愛玩하면서 성행하였다. 에도 중기(강호 중기1800년대)에는 일반인들에까지 확대되어 생활문화화됐다고 한다. 또한 덕천 삼대째에 덕천가 광유애송德川家光遺愛松으로 전승된 오엽송(수령추정 500년)이 황궁에 있으며 궁내청이 관리하고 있다.

명치 시대(1868~1911)부터는 분재가 예술품으로 극상되었다. 일본에서 분재란 명칭은 에도 시대(1800)부터 사용되어 명치 시대부터는 '미술 분재'라 칭하기도 했다. 그러면서 분재와 발식鉢植으로 구별되기에 이르렀고 명치시대이후로는 서양문명이 도입되면서 인쇄 문화가 발달하여 분재에 관한 기술과 배양에 관한 전문서적이 발간되었으며 전기가 생활에 이용되기 시작(111년전)한 이후부터 전기 동선을 이용하여 분재 수형 정자整姿를 시작(90여 년 전)하면서 분재 수형 발전에 한 획을 긋게 되었다. 1923년 동경대지진으로 산재했던 분재원들이 오미야시로 집단 이주(1925)하면서 현재의 본사이마치盆栽町가 탄생하였다.(村歷95년째)

2) 근대 분재

일본 근대 분재의 발달 과정을 살펴보면, 1934년 국풍회가 당시 귀족인 마쓰히라다노슈우후작松平賴壽侯爵을 회장으로 소화 9년, 1934년 3월 히비야日比野공원(당시 동경부 미술관)에서 제1회 국풍전을 시작한 이후 연 2회씩 개최하다가 세계대전으로 중단되었으며, 1947년 11월에 20회전이 개최되었고 1960년부터는 매년 2월 중에 개최하기로 한 것이 정착되어 30회까지는 국풍회가 주도하였다. 그 후 국풍회를 모체로 1965년 2월에 사단법인 일본분재협회가 설립되어 초대 회장은 요시다 전수상, 2대 기시 전수상, 3대 후구다 전수상으로 이어지며 발전을 거듭하여 1999년 2월까지 제74회의 국풍전을 여는 전통이 이어지고 있다.

※ 협회지부는 약 300여 개, 회원수는 1만 4천여 명-일본 협회장을 역대 총리대신이 역임하는 것도 다시 볼 점이다.

일본 국풍전의 특이성은 생동적인 색과 화사한 꽃향기보다는 나목의 진수 관상과 기교 심사를 더욱 고찰하고 있는 점으로 찬양할 바가 있다. 현대 분재 수형의 기본으로 정착된

부등변 삼각기법은 1800년대부터 시작된 기본 형태이다.

일본 분재문화에는 귀중분재(국풍전 입상작 중에서 보물 결정 200여 점), 국중분재, 평성분재대전, 귀중분재등록심사회, 국회의원분재전, 공이낭사연수회 등이 있다. 전문 분재인 조직으로는 일본분재협동조합이 있고 일본분재조합원수는 600여 명으로 매년 1월 동경에서 작품전을 개최하고 11월에는 교토에서 분재대관전을 개최하고 있다. 그 외 일본수석협회, 사스키협회 산야초 단체가 있으며 그 수는 약 300단체로 추정하고 있다. 또한 양일陽日 명품전(가시와시-백시栢市), 명품전(나고야시-명고옥시名古屋市) 동해명품전(시즈오카시-정강시精岡市), 조춘명품전(히로시마시-광도시廣島市), 일수전(오미야시-대궁시大宮市), 수석명품전(도쿄도-동경도東京都), 동북국풍전(고리야마시-군산시群山市), 조수회(가누마시-녹소시鹿沼市) 등이 있고 애호가 수는 약 500만으로 추정하고 있다.(2001년 기준)

3 우리나라 분재

동양의 모든 문화가 중국에서 시작되어 우리나라와 일본에까지 그 영향을 미치고 있듯 분재 문화 역시 중국에서 전해 왔지만 그 유래는 지금까지도 고증 사료를 통해서 밝히지 못하고 있는 실정이다. 다만 현재까지 밝혀진 사료를 아래와 같이 살펴본다.

국립박물관에 소장되어 있는 신안 해저 유물 청자 양각현(1100~1300년경)의 당초무늬 화분은 고려 시대 것으로 추정되는 유물로 당시 귀족 사회에서 분재를 장식용으로 사용한 흔적이 있고, 경남 합천의 해인사 보장전에 보관되어 있는 '옥제조화玉製造花'는 1185년(고려 명종 15년)에 옥으로 만든 가화假花를 둥근 화분에 담아 놓은 것이 있으며 고려 말기의 자수병풍 4계도는 소나무, 동백, 매화 등을 심은 분재의 모습을 담고 있다.

또, 서기 1325년 고려 재상을 지낸 전록생田祿生의 '영분송詠盆松'이란 시문이 가장 오래된 자료로 되어 있고, 실학이 유입되어 정원 축조와 식물 재배법 등이 활발해지면서 이 시대 전기 문헌 중 강희안姜希顔이 저술한 '양화소록養花小錄'과 이수광李晬光의 '지봉유설芝峯類說'이 대표적이다. 특히, 양화소록에는 16종의 식물에 대한 특성 및 양화법養花法 등 다양한 내용이 기록되어 있어 이 문헌은 세계 최초의 분재 요람搖籃으로 알려져 있다.

서기 1441년에는 왜 왕이 세종대왕에게 왜철쭉을 공물로 바친 기록이 있으며 조선 역대 왕들의 시문을 모아 놓은 '열성어제列聖御製'에는 조경식물 등을 시제詩題로 하여 괴석과 분이 올라 있다. 그 밖에도 18~19세기에 제작된 청화백자화분이 다양한 형태로 남아 있다.

이렇듯이 우리 민족은 단군 이래 4천 년의 역사와 전통을 가진 민족으로 산천에 대한 자연관은 건국 신화에서부터 정신적 신앙의 대상으로 삼아 오늘에 이르기까지 정신 수양의 법안 입도入道의 장으로 삼아 '삼천리금수강산'이라 하였다. 우리 분재사의 고증은 규장각 장서 중에 많은 사료가 있으리라 추정되나 이 분야의 전문 학자가 없어 고증 발굴에 힘을 모아야 할 과제를 안고 있다.

4 세계분재우호연맹 世界盆栽友好聯盟

　1960년부터 각국 분재 애호 단체의 모임이 시작되어 친목을 도모해오다 기술교류가 잦아지면서 일본협회의 제청으로 1980년 4월 19일 오사카(大阪)에서 국제회의를 개최하고 한국, 중국을 비롯한 11개국, 15명이 참석하여 연맹설립을 결의하였다. 이사장은 加藤三郎(가업 3대째), 부이사장은 미국의 존낙커가 맡아 전체를 7개 블록으로 나누고 이사 7명을 선출하여 동 연맹을 약칭 WBFF로 정했다. 1989년 4월 6일부터 9일까지 오미야大宮 시 산업문화센터에서 제1회 세계분재대전을 개최하면서 정식 연맹 결성을 선언하였다. 대회장으로는 지지부노미야비株父宮妃가 참석하였고, 해외 내빈 733명이 참석하여 그 자리를 빛냈다. 제2회는 1993년 3월 미국(플로리다주의 올랜드)에서, 제3회는 한국 코엑스에서 개최하였고, 다음 제4회는 2001년 독일의 뮌헨에서 개최되었다.

제3절
우리나라 분재의 문제점과 분재인

　분재가 중국에서 한국을 거쳐 일본으로, 다시 일본식 분재가 한국으로 역류되었다는 분재 문화적 예술의 부끄러움을 우리는 갖고 있다. 중국은 지리풍토상 대륙성기질풍으로 운형편雲形便 등의 분재 형태로 발전하여 연칠작삼然七作三 등의 표출 방법이 정착되었으며, 일본 역시 지리 풍토, 민족적 기질상의 영향으로 예도적인 기교 방식의 표출로 정착되었다.

　그러나 우리나라는 아직도 모방 분재의 탈을 벗어나지 못하고 있다. 우리에게도 아름다운 강산과 선비정신이라는 고결한 특성이 있으므로, 선비격의 표출방식이 분명 있을 법한데 말이다. 우리 민족은 예로부터 의식주를 통해 우리만의 독특한 선을 가지고 있으며, 생활 속의 미학적인 기하곡선은 우리의 시각을 자극한다. 이러한 우아한 선은 천지인을 미의 형태로 표현하였고 이것이 잘 조화되었을 때 아름다움을 유발하였다. 이런 우리의 미적 감각이 분재에도 반영되었을 것이다. 우리 분재가 진眞예술품이 분명한데도 불구하고 우리 분재계만의 예술에 불과한 것에 안타까움을 금할 수 없다.

　분재는 대자연을 축경하여 시각적으로 재창출한 것으로 생동적이요, 입체적인 감상 예술품으로서 타의 추종을 불허하는 진예술품이라는 점은 공감하는 사실이지만 우리 사회는 아직도 우리 분재의 예술성에 대하여 부정적인 생각을 가지고 있다. 일반적으로 '예술'이라 하면 기예와 학술로 단정하여 인간의 정신 및 육체적 활동에 의하여 미적으로 창조하거나 감성과 현실이 통합된 표상을 직관적으로 표현하는 것으로 문학, 음악, 회화, 조각, 연극, 영화, 미술, 무용, 건축 등 9가지 종목으로 한정하고 있다. 미술 계통이나 음악 계통의 창작물이나 표출물 등은 사회적으로나 문헌적으로 화백이나 악성으로, 장인은 인간문화재나 국보로 예우와 지위의 정착으로 직간접으로 평가받으며 그 작품은 판매, 소장된다.

그런데 우리 분재 예술가는 대소가 할 것 없이 목상木商으로 취급되고 분재 자체의 작품성 또한 인정받지 못하고 있는 것이 현실이다.

　예술이란 시간예술과 공간예술로 분별되지만 분재예술만이 갖는 특수성 즉, 조물주의 행위인 자연의 소산을 직접 소재로 하여 한 작품을 20년 이상의 장구한 세월 동안 인내와 고뇌를 겪어가며 완성하는 것이기에 2차적이며 엄밀히 분류하면 조형예술이라 할 것이다. 분재 형태가 갖는 공간성과 생장이라는 시간성을 모두 내포하면서 분재가의 의도가 함축된 종합예술의 창조품으로서, 축경으로 감상함에 있어 영상적靈想的 확대 방식에서 그 고상한 아취와 사색에 이르게 하는 진가 있는 예술품이다.(靜中動無言詩歌舞也)

　분재예술을 예술론적으로 보면 내적 정련精練이 내재하고, 외적 완성은 내적 정련에 의해서 성숙된 상상을 통해 일정한 물질인 소재를 기교에 의해서 외적 형상으로 표현하여 구성 표의화한 산물이다. 이 창작품은 작가의 심리와 이상, 심상과 사고의 결합이 외형적, 형태적 물질의 본질에 구애됨이 없이 객관적인 가치관의 전재 아래 외적 완성을 이루는 것으로 예술학적 기조의 규범을 모두 갖추고 있으므로 확고한 예술품으로 정의할 수 있다.

　물론 실질적인 면에서 문제점이 있는 것도 현실이다. 분재는 단지 예술품으로만 거론되었을 뿐 구도학적으로는 검토되지 않았으며 평론가도 없기 때문이다. 또, 일관된 교육 지침이 정립되지 않아 분재 강습이 천태만상으로 이루어지는 것도 문제점이다.

　그렇다면 무엇을 어떠한 방법으로 개선하여야 할까? 우리 민족의 우수한 지능과 기능이 이미 세계적으로 내세울 만하다. 우리는 분재에서도 재능을 발휘하여 한국 분재를 더욱 발전시키고, 우리가 간직한 고귀한 선비정신의 문화적인 전통을 이어받아 우리식 품격이 담긴 분재 형태로 자리해야 한다. 그러기 위해서 다음과 같은 일을 통해 분재의 기술 수준을 향상시켜야 한다.

　1. 분재 예술에 관한 학술서 저작의 필요성(학예적 이해 촉구)
　2. 조형학적 분재의 구도학, 분석 평가, 평론
　3. 신 교육학의 제정과 이에 따른 평준화 교육의 시책
　4. 소재 생산기술의 교육과 신품종 개량사업

　위와 같은 정책이 시행되었을 때 우리 분재는 선진화할 것이고 당당한 예술가 의식을 갖고 대대손손 우리의 분재 예술성이 이어져 분재인 모두가 예술가요, 분재는 진수의 예술품으로 인정받게 될 것이다.

　이를 위해 반드시 다양하게 변모해야 한다. 현재 우리 분재계는 원로와 중진, 입문자로 나눌 수 있는데 겨우 회갑이 된 분재 연혁에 비해 분재 취미 인구가 많이 증가한 것은 매우 기쁜 일이나 분재에 입문하는 초보 분재인의 교육에는 커다란 문제가 있다. 모든 교육에는 분야별로 세분된 단계별 과정이 있으나 분재계에는 아직도 교육과정이 정립되지 않았다. 여러 중진들이 보편적이며 통일된 방식을 정립하여 초보 분재 입문자의 기본기 교육 지도에 노력해야 한다. 그럼으로써 분재 인구가 증가 확산되고 분재계는 더욱 더 발전할 것이다.

　현재 우리 분재 애호가를 구분해 보면 분재수집취미가, 자작분재취미가, 분재이론연구가로 삼분할 수 있다. 이들 중에서 명품 소장가도 있을 것이요, 작가도 탄생되고 평론가도 탄생되어야 분재계가 더욱 향상 발전될 것이다. 그러나 입문생은 대개 일조대가一朝大家의 망상과 조기 명작에 치우쳐 있음을 흔히 엿볼 수 있는데 이는 기초 교육의 부실에서 오는 과욕일 것이다. 이러한 병폐를 치유하기 위해서 분재애호가는 장인정신을 가지고 실기에 중점을 둔 기능 향상과 연칠삼학練七三學의 자세로 꾸준히 노력하면 일조대가의 꿈도 이룰 수 있을 것이다.

　일반적으로 교육활동의 목적이 인간성의 발견과 감정의 표출, 교육적 창의력의 육성과 개성의 확립 등을 통하여 성취되는 것이라고 한다면 분재 교육에 있어서 창의력과 개성의 표출이라는 교육의 기본 개념은 더욱 구체화시켜야 할 덕목이다.

　조형활동이란 인간적 가치를 지닌 가장 전형적인 본래의 창조정신 아래서 확립되지 않으면 안 된다. 분재 교육은 인간의 근본인 자연의 형상을 재창출 하는 데 그 목적이 있다. 즉, 조물주가 창조한 자연물을 더욱 승화시켜서 조형미로 창조하는 예술이다. 전문가나 작가 육성도 중요하겠지만 취미인이 일상생활에서 정서적인 활동을 하는데 도움이 되도록 관심을 가져야 할 것이다. 그러기 위해서는,

　1. 창조적 표현의 기초 능력
　2. 조형 감상의 기초 능력
　3. 미적 정서에 따르는 기초 능력
　4. 소재 및 용구의 선택과 사용 능력
　5. 기술 도취陶醉의 기본 능력
　6. 조형적 구상이나 표현 감상에 따르는 기초 능력

등을 흥미롭게 조장하는 데 분재 교육의 가치가 있다.

그리고 분재활동에서 흥미와 욕구를 충족하게 하고 자발적인 수련에 임할 수 있도록 하기 위해서는,

1. 소재에 대한 명확한 관심을 갖게 하여 관찰력을 육성하는 일
2. 감상을 풍부히 하여 자기감정을 자유롭게 표출하는 일
3. 올바른 분재의 시각을 훈련하는 일(육안, 천안, 혜안, 법안)
4. 표현력 즉, 창출 방법에 대한 기본적인 능력을 지도 육성하는 일
   (기본 구도법 점, 선, 면, 입체, 선의 운동, 사각斜角 운동 등)
5. 관리와 감상을 생활화하는 일
6. 창의창작 하는데 적응하는 능력을 기르는 일

등을 지도 육성의 관념적인 태도로 삼아야 할 것이다.

예술과 기술은 분리할 수 없는 특징을 지니고 있는 바, 기술이 따르지 않으면 분재 예술은 존재할 수 없다. 분재의 조형예술에서 순수예술과 용도예술로 나누어 볼 때 그 하나는 심상 표현일 것이고, 다른 하나는 기능 표출일 것이다. 기능 표출이란 창조력 육성이며 창조의 과정으로서,

1. 착상은 소재에 대하여 막연한 동기에서 어떤 가능성을 탐색하며
2. 발상은 어떤 착상에서 구체적인 형태를 다양하게 능동적으로 할 것이며
3. 구상은 발상에서 새로운 형태로의 양부良否를 정하여 미적 관계를 추구하여 창조성을 넓혀야 한다.
4. 미의 합리적 자연 법칙에 직관력을 기른다.

조형예술 교육은 자연 그대로의 미적 감각을 느끼는 것과 자연법칙의 직관력을 돕는 일이다. 직관력은 지식이나 습득과는 차이가 있으며 태도, 습관과 아울러 경험을 통해서만 육성되는 것이다.

우리 한민족의 우수성이 세계적으로 여러 분야에서 인정받는 시점에서 우리 분재계도 타 분야에 못지않게 분재 예술의 진가를 한층 승화시켜야 한다. 그러기 위해서는 분재 예술가로서의 우위를 점하는 일과 후진 양성에 힘써서 분재 취미인 들이 올바른 분재인 또는 작가로 성장할 수 있도록 노력해야 한다. 원로 대가는 물론 여러 중진이 다 같이 합심하여 자기만의 기와 지의 사심私心을 한 자리에 모아 후진 육성을 위한 책임과 자부심으로, 필수

적인 평준화의 기본 수련 과정을 조속히 정립하여 평준화된 지침 하에 분재 예술의 양성과 지도가 절실하다는 것을 다시 한 번 강조하고 싶다.

2장

분재盆栽의 미학美學

제1절
미학美學의 기본 이론

 1 미학美學의 철학적 개념

미美에의 개념은 무엇인가? 다시 말하면 어느 사물이 '아름다운가, 아닌가?'를 판단하는 경우에 칸트(Immanuel Kant, 1724~1804)는 '표상表象을 오성悟性에 의해서 객관적으로 관계하는 일 없이, 구상력構想力에 의해서 주관의 쾌·불쾌의 감정에 관계 시킨다'라고 생각했다. 표상이란 의식에 나타나는 대상의 상像을 말하는 것이고, 오성이란 사물을 구별한다든지 비교하거나 논증論證하는 능력을 말한다. 칸트는 미美를 판단하는 때에 인간人間은 그 대상에서 받는 사물의 상을 오성이라는 식별 능력을 가지고 객관적으로 판단하는 것이 아니고 주관의 구상력, 즉 주관적인 상상력에 의해서 느낌이 좋은가 나쁜가, 감동을 수반하고 있는가 아닌가, 하는 감정에 관계시켜서 판단하는 것으로 생각했다. 따라서 여기서는 개념이라는 것이 존재하지 않고 감정에 작용하는 구상력이 이것과 대체되므로 미美에는 기준이 없으며, 이론을 구성하거나 추리하지 않고도 직접적으로 감정에 작용되는 것으로 판단했다.

이와 같은 칸트의 주관적 미학 이론에 대하여 근대과학의 실증적·경험적 방법론에 기초를 둔 심리학적 미학을 제창한 페히너(Gustav Theoder Fechner, 1801~1887)는 미나 예술에 관한 주관의 개개에 대한 구체적인 의식이 사실과 심리적인 과정 등을 기록하고 이것을 귀납하는 방식으로 법칙을 찾고자 하였다. 그 결과 미적 표현 기술의 구조적 분석기법 발전에 기여하였다.

철학적 관점에서 미의 특질을 살펴보면, 미는 표상과 함께 주관의 작용이 매우 중요한 역할을 한다는 이론이 대세론으로 정립되어 가고 있다. 특히, 미적 대상에 적용된 구성 원

리의 상호관계가 미를 파악하는 데 매우 중요하게 작용된다는 것을 알 수 있는데, 구성 요소의 형태적 관계에 있어서 전체와 부분 간의 '질서를 통일시키는 방법' 이 미감을 극대화시킬 수 있다.

또한, 감상자가 미적 대상을 관찰하는 순간 즉, '감각을 통하여 지각하고, 지각을 통하여 이미지를 형성하는 바로 그 순간'에 미감(쾌, 불쾌감)을 판단하게 된다.

분재에 있어서는 자연의 법칙에 따라 다양한 구성 요소(줄기, 가지, 잎, 뿌리, 형태 등)를 질서 있게 통일시켜 절제된 함축미를 표현하는 개념으로 접근하여 응용한다면 분재의 미적 가치를 승화시킬 수 있을 것이다.

미美의 질서 개념

미美란 질서에 의해서 표출되는 것이다. 질서란 일반적으로 전체 안에서 부분의 결합강도結合强度를 말하는 것이다. 부분은 일정한 질서 하에서 내적으로 결합되고, 전체의 조직을 구성하는 것이라야 한다. 예술 분야에서는 이것을 '다양 속의 통일' 이라는 말로 표현해 왔다. 즉 개개의 부분이 다양성을 가지면서도 전체적으로 통일되어 있다는 것을 말하며 이것이 질서인 것이다. 질서에는 미적인 질서, 기능적인 질서, 수학적인 질서, 자연의 균형에 바탕을 둔 생태학과 같은 과학적 질서 등 여러 가지 질서가 있다.

자연미는 자연 속에 존재하는 질서가 주관의 구상력과 일치하기 때문에 아름다운 것이다. 예술은 인간이 미적 질서를 창조하고 그 질서로 보는 사람을 감동시키고자 하는 것이다.

일반적으로 예술은 질서를 파괴하는 것을 배제한다. 그리고 진정한 미는 관찰하는 사람의 내면에 감정이 작용하여 감동을 느낄 수 있도록 하는 감흥이 일어나야만 미美로서의 가치가 창출되는 것이다.

미美와 자연自然

순수한 자연미는 예술이 아니다. 예술은 인간人間이 미적美的인 감동을 형태화하는 행위이다. 인간의 미적美的 감동은 예술 외에 편리도便利度, 신속도迅速度, 정확도正確度, 견고도堅固度 등에서도 얻을 수 있다. 자연미는 그 하나에 지나지 않는 것이다.

자연미自然美를 예술화하는 데 유념할 점은 그 표현이 자연을 지배하고 있는 법칙에 따라야 한다는 것이다. 예술가는 이런 면에서 지적이면서 냉철한 자연自然의 탐구자여야 한다. 만약에 작품이 이 법칙에서 멀어진다면 예술은 빈약하고 혼을 찾는 힘을 잃게 된다.

　아무리 아름다운 자연自然일지라도 인간의 손으로 똑같이 재생하려 하면 자연은 그 아름다움을 잃어버리고 만다. 즉, 예술 작품은 자연의 법칙에 따르면서 그 기계적 모방이 아닌 것인 동시에 어느 힘도 빌리지 않고 그 자체만으로 순수하게 인정받을 수 있으면서 독선적인 기술이나 공상을 나타내지 않는 것이라야 한다. 특히, 분재盆栽는 자연을 소재로 한 예술藝術이다. 따라서 상기한 이론이 그대로 맞는다고 생각된다. 분재에 사용되는 소재는 자연의 숨결이 전달되는 자연 그대로의 생명체이다. 그러므로 자연에서 받는 영향력은 다른 예술분야에서와는 생각 할 수 없을 정도로 큰 것이다. 분재盆栽 작가가 자연을 모방하면서 자연의 질서에 따름으로써 보다 큰 질서를 얻고자 하는 것은 새로운 창조를 위한 최소한의 수단이라고 생각한다. 그러므로 분재 작품은 자신의 생명을 갖고 있으며, 다른 힘을 빌리지 않고 그 자체만의 미美에 의해서 절제된 아름다움으로 승화되어야 한다는 과제를 안고 있다.

제2절
예술의 기본 이론

1 예술의 분류

예술은 일반적으로 조형예술造形藝術과 언어예술言語藝術로 나누어진다. 조형예술은 다시 조형예술과 추상적 공간예술로 나누어지며 조형예술이란 회화나 조각과 같이 실존하는 사물이라든가 자연의 형상을 재현하는 것을 말하고, 추상적 공간예술이란 건축이나 공예와 같이 추상적인 공간이나 집단을 취급하는 것을 말한다. 조형예술을 다시 세분하면 물체조형物體造形(자연 그 자체의 조형)과 관념조형觀念造型(연상 등과 같은 관념의 객관화)으로 나눌 수 있다.

분재는 조형예술에 속하면서 수목 특유의 생장이라는 시간적 연속성이 생명으로 이어지면서 작가의 의도가 무한히 내재된 종합예술이라 할 수 있다.

2 조형예술의 기본 이론

모든 예술품, 즉 조형의 형태에는 법칙과 원칙의 기본이 있으며 이를 벗어난 조형물의 형태는 보는 이에게 감동을 줄 수 없다. 특히, 분재는 그 형태구성形態構成에 대한 최소한의 기본 이론을 이해할 필요가 있다.

비례란 어떤 물체나 형상에 대하여 그가 가진 길이나 대소(양量)에 대하여 각 개의 양과 양의 관계를 나타내는 말로 조화의 근본이 되는 균형을 말하는 것이다. 예를 들면 어떤 양이 다른 양에 대하여 일정한 비율을 가질 때 보는 이의 시각에 '아름답다'라는 미감을 주게 된다. 이때 우리들은 "균형적이다." 또는 "균제均齊가 유지되어 있다."고 한다. 이것은 부분과 전체의 관계에 대해서도 말할 수 있는 개념이다.

균제라는 말은 좌우대칭 또는 대칭으로도 해석된다. 동형 혹은 동량이 한 쌍이 되어서 대칭하면 힘의 일반적인 지배 관계를 초래하고 이 작용을 적절히 응용함으로써 균형 잡힌 안정된 모양이 된다.

여기에 선학적線學的 요소 점, 선, 면, 입체(직선, 곡선, 절선, 나선, 기하곡선, 포물선, 자유곡선)와 각도의 요소(수직방향, 수평방향, 사방향斜方向, 불규칙방향(분재용어로는 직각, 예각, 둔각) 등의 특성을 가하여 부분이 전체에 미치는 것을 합법적合法的 관계라 한다.

합법적 관계란 하나의 사물에 짜여진 여러 가지 요소 즉, 수리적 원리(황금분할)를 말한다. 전체가 안고 있는 부분이 전체에 대해서 개개의 균형을 유지하고 그 결과로 쾌감을 느끼게 하는 상태를 말하는 것이다. 이런 경우의 부분은 임의로 모인 우연적인 집합체가 아니라 상호의 관계에도 조리에 적합한 법칙이 발전되어 질서정연한 관계에 놓여 있으므로 그 질서를 수치로 표현할 수 있는 명확한 관계를 합법이라 한다.

예를 들면 다른 2개의 양이 있다고 하자. 이 두 가지는 동량-대우적 즉, 둘이 서로 짝을 이루든가, 한 명제에 대하여 그 비가 비교적 간단簡單한 비율을 이룰 때 이를 '균제를 유지했다' 고 한다.(합법이라 칭한 것은 기하학 수리에 의한 구도와 분석을 뜻한다)

자연 현상에는 합법적 배열과 연쇄의 법칙이 있으며 그 관계는 양 또는 수로 표시된다. 이로서 비례의 개념은 모든 예술품에서 중요한 요소가 된다.

3. 형태形態의 시지각視知覺

사람의 눈은 1초에 수백억 개의 신경단위로 대뇌와 직결되어 작용한다고 한다. 눈이 깜짝하는 순간에 시각의 전부를 동시에 포착하는 것이 아니라 관심 있는 것에만 초점이 집중된다. 그래서 사람의 시야는 90도이지만 이는 무감각 시계視界이며 인지할 수 있는 시각은 45도 이내이다. 시계는 형상만을 지각하는 시추視錐이며, 확인, 이해, 인식할 수 있는 점은 초점이다.

인간이 어떤 사물이나 대상을 본다는 것은 시감각에 의해서 형태 개념을 파악하는 것인데 이는 경험과 직결되는 시각현상과 상관관계에 있다. 그것은 어떤 형태를 보는 경우에 그 형이 무엇이며(과거過去), 무엇을 나타내고 있는가(현재現在), 어떤 의미를 가지고 있는가(미래未來) 등 여러 가지의 목적 개념을 포함한다.

따라서 시지각은 분재의 창작활동에서 시각적 표상表象(시각의 작용으로 구성된 표상)이

라는 점에서 중요한 역할을 한다.

4. 통일성

통일성은 여러 가지로 말할 수 있다. 어떤 경관의 성격을 나타냄과 동시에 주가 되는 통일감을 구성하는 것이다. 주목主木이나 주경主景이나 주석主石 등에 있어서 전체적인 기능과 형태미를 구성하는 힘을 말한다. 정숙미나 엄숙미는 바로 그 경관물景觀物의 통일성을 통해서 느껴지는 것이다.

만약 통일성을 잃을 경우 감정은 심리적으로 혼란스러워 우세가 정체하고 분열이 시작된다. 정서적으로 분열된 것은 대립으로 인한 불안, 공포심, 근심, 무기력, 무감각 등의 특징으로 나타난다.

그러므로 분재에서의 통일성은 형태의 통일, 종류의 통일, 기의 통일, 전체적인 통일을 말하며 이는 매우 중요하다.

※ 형形은 평면을 말하고, 형태形態는 입체를 말한다.

5. 비례(Proportion)

분재예술 또는 모든 예술품에 있어서 비례법은 중요한 과제이다. 비례란 형태의 부분과 전체 또는 부분과 부분 간의 상호관계를 말한다. 시각적인 맥락은 크기, 폭, 높이, 길이, 깊이 등에 대한 상호관계를 조화롭게 배치함을 비례라 한다. 예를 들어 분재의 창작에 있어 천태만상千態萬象한 수목의 형태를 창조적 형태로 구성표출構成表出한다고 하자. 관상함에 있어 보는 이의 시각에 안정된 감성으로 객관성을 가질 수 있도록 창출함을 전제로 해야 하는데 이때 미적인 구상으로 조성하는 수단과 방법이 비례이다.

비례적 배열이라 함은 단수형태물單數形態物의 크기 그 자체는 비례의 의미를 갖지 못한다. 비례를 인식하기 위해서는 반드시 복수개념형상複數概念形象 즉, 대우적對偶的 상관관계에 놓여 있을 때만이 비례라는 형식이 나타난다.

분재 재료는 야생이든 실생이든 소재의 형태에 따라 숙련된 기능으로 개체적 특성에 걸맞게 형태의 본질인 각 수형별로 배양되었다 하더라도 과부족過不足이 나타나기 마련이다. 그렇다고 해서 창작적 구상에 있어서 주어진 재료 자체가 문제가 되는 것은 아니다. 작가의 창작적 구상능력이 우선하기 때문이다.

창작적創作的 의도意圖에는 객관적이 아닌 작가의 특수한 주관이 확고히 정립되어 그 주관성이 필히 내재된 구상의 확립이 선행되어야 한다. 재료 자체의 우열의 차이는 있겠으나 확정된 구상이 아무리 훌륭하다 하더라도 그보다 더욱 중요시해야 할 점은 구도적 배치 즉, 개체 상호간의 대우적인 비례를 깊이 있게 계획하고 배치하는 것이다.

분목盆木은 단수單數이나 내적 구조는 복잡하게 얽혀 있다. 이를 구분하면 근, 간幹, 지枝, 엽, 토, 분 등으로 구성된 내용에 수고樹高, 주간主幹의 대소, 각도 및 선과 곡, 지수枝數와 지량枝量, 수폭樹幅, 분의 대소 등으로 분류되고 이들 사이에는 대우적 요인이 다양하게 전개되게 된다. 이들을 적합한 비례로 통일성 있게 한 짝의 형상체로 구성함에 있어 상호작용을 적절하고 조화롭고 균형 있게 비례배치하게 되었을 때 비로소 비례적 효능이 성립되었다고 한다.

※ 비례의 학문적 또는 미학적인 판단을 위하여 예술적 구조에 가장 쾌적한 시간적, 공간적인 상호관계를 보다 나은 방법으로 부여해 줄 수 있는 완전한 비례법칙을 정하기 위해 찾아낸 것이 황금분할黃金分割(golden section)이라는 비례법이다.(반비례=역비逆比 : 어떠한 양이또하나의 다른 양에 대한 역수에 정비례되는 관계 즉, A.B=B.A 따위)

다시 말해서 비례는 정대칭正對稱 관계의 역으로 비대칭非對稱 상태에 있으면 서도 불안정성이 일어나지 않도록 하는 법칙으로서의 비례를 말한다.

6. 황금비黃金比

모든 조형예술품에 필수적으로 적용되는 것이 황금분할 비례법이다. 분재 조형예술에서도 이와 같은 논리에 의해서 수목의 대소, 장단, 방향, 각도, 공간, 배지配枝 등등에 이 비를 참작하여 척도적인 수치로 응용하여 작수作樹한다면 더욱 작품성을 높이게 될 것이다. 또한 분석 평가에도 매우 중요한 척도가 될 수 있다.

1) 황금분할이 왜 분재에 필요한가?

분재는 자연 수목을 축소 창작한 하나의 관상품觀賞品이며 생명체적 예술품이므로 작법에 있어 자연 섭리의 범주를 벗어난 인위적 표출 행위는 금기해야 한다. 하지만 그렇다고 해서 하나의 예술품을 창출함에 있어 자연미만 추구한다는 것도 문제가 됨을 강조하지 않을 수 없다. 그렇다고 분재를 창출할 때 어느 규격 즉, 척도에 맞추어 창작한다는 것도 말

이 안 된다.

　예를 들어 금강산 절벽에 단풍나무가 오색으로 물들어 기암절벽에서 바람결에 출렁이는 풍경을 보는 이들은 과연 무엇이라 감탄할까? "아! 예술품이다."라 하겠는가? 그보다는 "경치가 좋다."라고 감탄하면서 만인은 걸음을 멈추게 될 것이다. 이것은 조물주가 창조한 자연 풍경이며 경치이기 때문이다.

　그토록 아름다운 단풍나무를 분에다 옮겨 놓으면 어떠할까? 우리들은 분에 맞도록 자르고 철사로 교정하게 된다. 바로 이때부터 형태적으로 조형체造型體이며, 이를 조형물造形物로서 감상하며 이것을 예술품이라 한다.

　모든 예술이 그러하듯이 예술에는 그에 합당한 학문이 있기 마련이다. 이것이 바로 구도학構圖學이다. 그러나 안타깝게도 현 분재론盆栽論에는 '분재적 예술론'이 아직 없다. 구도학적 미학도 없다. 평가는 전승된 시각에만 의존하고 있는 것이다. 분재를 예술품이라 주장하기에는 학문적으로 많은 결함이 있는 것이 현실이다.

　형태물에는 그가 가진 구도가 있다. 구도에는 척도상尺度上의 규범이 있다. 그것이 황금분할이다. 분할이란 선분을 둘로 나누었을 때, 인간의 시각에 가장 아름답게 느껴지는 척도를 나타내는 방식이다. 모든 형태에는 구도적 완성과 평가가 따르게 되므로 황금분할을 응용하고 이해한 결과는 예술품에 있어 필요불가결한 것이므로 황금분할에 대한 기본적인 것을 기술記述한다.

　황금비의 기원은 이집트의 고대국 시대 이전부터라 하였고, 이 비율이 특히 르네상스 시대 이래 고고학자나 수학자, 미학자들에게 학문적으로 더욱 중시되어 비상한 관심 속에서 탐구되어 일반화되었다.

　황금분할을 기하학의 명제로서 제기한 사람은 유클리드(Euclid)로 B.C300년전에 그가 쓴 '기하학 제2서'에서 황금분할을 고대 자연물이나 미술, 건축 등의 형태미를 규정하고 있는 각종 비율 중에서 가장 이상적이라고 하였다.

　황금분할이라는 명칭은 영어로 골든섹션(golden section), 독일어는 골덴슈니트(goldene schuntt), 프랑스어는 섹션도르(section d'or)라 불린다. 주어진 양量을 이의 비율로 할당割當하는 방법이라는 뜻으로 분할이라는 용어를 사용했으며 황금이라는 용어는 근세에 와서 사용하기 시작했다.

　황금분할 내지 그 배분에 의한 양의 비율을 황금비 또는 황금률이라고 부르고 작도의 기호로는 그리스문자(Ψ, ψ)를 일반적으로 사용하고 있다.

※ 황금분할은 깊은 학문이어서 우리가 필요한 부분만 간단하게 설명한다.

(1) 황금분할의 수식

A · B의 길이가 1, A · C의 길이를 X라고 한다면 C · B의 길이는 (1-X)가 되고 위의 비례식은 다음과 같다.

$1/X = X/(1-X)$

$X^2 = 1-X$

$X^2 + X - 1 = 0$

이것을 풀면 X=1($\sqrt{5}$ +1)/2

X는 양이므로 X=1:($\sqrt{5}$ +1)/2

X=0.6180이 된다.

결국 이 길이로 A · C를 잡을 때 위의 비례식은 성립한다.

(2) 여러 학자의 이론에 의한 비율 비교

① 루트2($\sqrt{2}$)　　1 : 1.414 = 5 : 7.07
② 비네캔의 비율　　1 : 1.572 = 5 : 7.85
③ 체더바우에르　　1 : 1.581 = 5 : 7.95
④ 펜다그램 = ψ　1 : 1.618 = 5 : 8.09 ※
⑤ 루트3($\sqrt{3}$)　　1 : 1.732 = 5 : 8.16 (정3각형의 비율)
⑥ 루트4($\sqrt{4}$)　　1 : 2 = 5 : 10
⑦ 루트5($\sqrt{5}$)　　1 : 2.236 = 5 : 11.18

위 여러 가지 비율이 있으나 이 중에서 가장 적절하다는 것이 ④의 펜다그램의 비율로 1 : 1.618을 정비율로 하고 있다.

※ 여기에서 정수 1 : 1.618의 근사비 5 : 8.09는 소수점 이하는 작도했을 때 육안으로 식별이 불가하므로 0.09는 절사하여 근사 황금분할을 통상 5:8로 사용한다.

2) 근사近似 황금분할

앞의 비율 계산법은 실용상 문제가 있다고 생각하여 13세기 초반 이탈리아의 수학자 네오나르도 다 피자(Leonadrdo Da Pisa, 1175)는 토끼 한 쌍이 월차月次적으로 새끼를 낳고 그 수의 증가는 다음과 같은 수가 된다고 발표하였다. 이를 '근사황금분할'이라 한다.

그 풀이법은 1+2+3+5+8+13+21+34+55+89+144+233+377+610으로 계속된다. 이 급수級數를 네오나르도의 통칭通稱 피보나치(Fibonacci)에서 이름을 따서 '피보나치급수'라 부르고 있다. 계속 더해 가면 22번째에 46,368이 되고 23번째인 75,025에 이르러서야 비로소 1:1.618의 비가 된다.

그 풀이는 75,025÷46,368=1.6180, 1:ϕ=46,368:75,025가 되므로 통상 황금비는 1:1.618이라 하고 근사황금분할을 5:8이라 한다.

여하튼간 이 산출법算出法은 복잡하여 실용에는 어려움이 있다. 따라서 간단한 실용 산출 방식의 범례로 (주어진 선분÷8)×5=ϕ범례로 한다.

(1) Fibonacci 급수

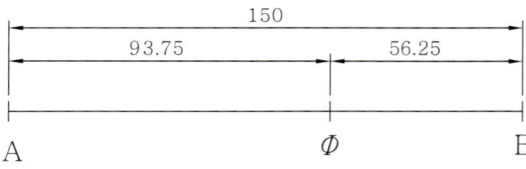

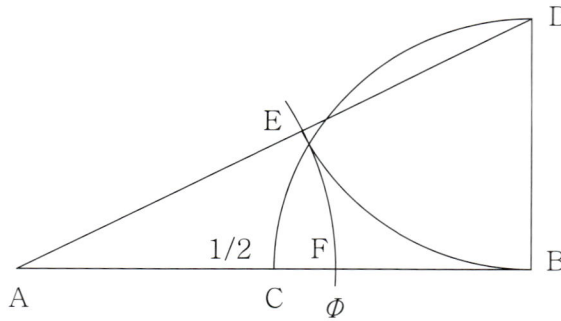

실용 산출법=가정한 길이가 150cm라 하면 나누어진 길이는 56.25cm가 적당 하다.

150cm÷8=18.75×5=93.75

150cm÷8=18.75×3=56.25

※ 주어진 선분÷8×5=실용 π가 된다. 3:5:8의 정수비 분할 수는 모두 실용된다. 유클리트의 작도법에 의해서 분할점이 쉽게 얻어진다.

※ 도형의 해법

　주어진 선분 AB의 점 B에서 수직선을 그어 점 A의 연장선과 만나는 점을 점 D라 한다. 선분AB의 1/2을 반지름으로 하는 원을 점 B와 점 D에서 그려 만나는 점을 점 E라고 하고 점 A에서 점 E를 지나는 원을 그려서 선분 AB와 만나는 점이 ψ점이 된다.

　(2) 유클리드에 의한 황금율의 작도 해법

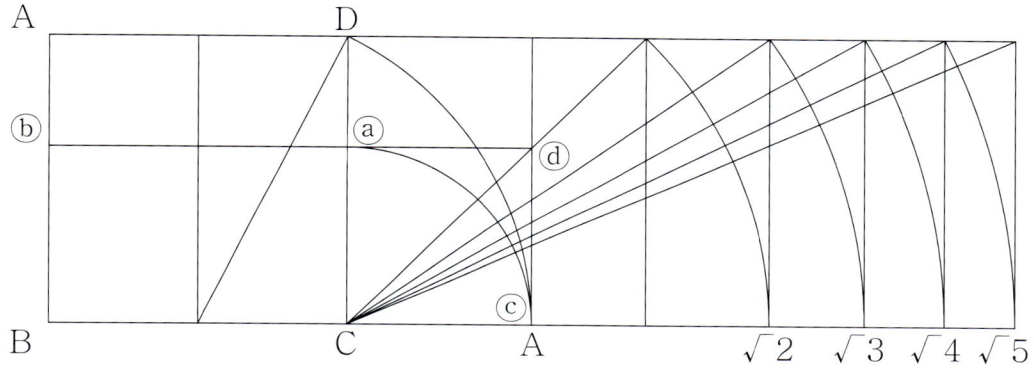

※ 이 도형은 특히 분경盆景과 합식合植에 도움이 된다. 분석分析에서도 필히 사용된다.

　황금비례黃金比例의 기본을 알기 위한 첫 번째 도형은 비례법칙에 대한 설명으로 균형을 기본으로 하여 위의 도형과 같이 밑면의 길이를 장변으로 하여 단변을 한 변으로 하는 구형矩形을 만들면 $\sqrt{2}$가 얻어지고 같은 방법으로 대각선의 길이를 장변으로 하고 단변을 한 변으로 하는 구형을 다음을 원호로 계속하면 $\sqrt{4}$ $\sqrt{5}$ $\sqrt{6}$ $\sqrt{7}$과 같이 정4각형을 기본으로 유도되는 구형이 얻어진다. 그 시작점을 이르는 당초의 구형인 $\sqrt{2}$를 조화調和의 문門 이라 한다.

표1. 황금분할 조견표(실용)

길이	분할값	길이	분할값	길이	분할값	길이	분할값
1	0.62	26	16.07	51	31.52	76	46.97
2	1.24	27	16.68	52	32.14	77	47.59
3	1.85	28	17.30	53	32.76	78	48.21
4	2.47	29	17.92	54	33.37	79	48.92
5	3.09	30	18.54	55	33.99	80	49.44
6	3.71	31	19.16	56	34.61	81	50.06
7	4.33	32	19.78	57	35.23	82	50.68
8	4.94	33	20.40	58	35.85	83	51.30
9	5.56	34	21.01	59	36.46	84	51.91
10	6.18	35	21.63	60	37.08	85	52.53
11	6.80	36	22.25	61	37.70	86	53.15
12	7.42	37	22.87	62	38.32	87	53.77
13	8.03	38	23.49	63	38.94	88	54.39
14	8.65	39	24.10	64	39.55	89	55.01
15	9.27	40	24.72	65	40.10	90	55.68
16	9.89	41	25.34	66	40.79	91	56.24
17	10.51	42	25.96	67	41.41	92	56.86
18	11.12	43	26.58	68	42.03	93	57.48
19	11.74	44	27.19	69	42.64	94	58.10
20	12.36	45	27.81	70	43.26	95	58.71
21	12.98	46	28.43	71	43.88	96	59.33
22	13.60	47	29.05	72	44.50	97	59.95
23	14.21	48	29.67	73	45.12	98	60.57
24	14.83	49	30.28	74	45.73	99	61.19
25	15.45	50	30.90	75	46.35	100	61.80

제3절 미학과 분재 평가의 기초 이론

우리가 말을 할 때 은연중에 나타나는 평소의 소양이나 인성 등을 통해 깊숙이 잠재한 그 사람의 인격을 알게 된다. 그 말 속에 말하는 이의 마음이 반영되었기 때문이다. 조형예술 역시 그 형태 속에서 그것을 창출한 사람의 마음을 읽어낼 수 있다. 조형예술은 그 사람의 사고와 감성의 표현이기 때문이다.

이러한 조형들은 근본적으로 인간이 자연과 상호작용하면서 생겨난 것이다. 사람들이 자연을 파악하고 이용하기 위해서는 먼저 도구가 필요했다. 밥을 효과적으로 먹기 위해서 숟가락이나 젓가락이 필요하고, 작은 힘으로 무거운 물건을 운반하기 위해서 바퀴가 필요하다. 그러므로 모든 도구는 곧 신체의 연장이다.

이런 도구를 만들어 낸 것을 구도적으로 나누어 보면 숟가락은 계란형에다 평작납봉으로 원과 선이 결합하였고, 젓가락은 장이등변의 형식으로 손잡이는 굵은 쪽을 잡도록 하여 힘의 역할을 다하도록 하였으며, 무거운 짐을 운반하기 위한 바퀴는 원에다 대각선을 응용한 점 등 도구로서의 형태물로 사용 가치를 높이고 있다.

여기에 나타나 있는 것을 미학적 측면에서 보면 축점이 있고, 선과 각, 면과 입체가 형성되어 점, 선, 면, 입체가 나타남으로서 조형의 기본을 다 읽을 수 있다. 그리하여 이렇게 작은 생활 도구에도 '구도'라는 형식이 모두 갖추어진 것이 되었다. 이런 우리의 생활방식이 점차 발전을 거듭하면서 오늘날의 문화예술로 점진된 것이다.

 **감상**

'예술품 관조하기'를 감상이라 하는데 작품을 음미한다는 것과 비평한다는 두 가지 의

미의 함축어이다. 예술품을 보고 "좋다. 나쁘다."라고 판단하는 경우와 같다. 예술품의 감상은 주관적인 측면과 객관적인 측면에서 보는 이의 이해도에 따라서 그 답은 두 가지로 요약된다. 전자의 경우는 내적인 면을 투시하여 작가의 의도 즉, 표현적 내용을 관찰하려 할 것이고, 후자의 경우는 외적 형상으로 내적 정련은 무시하고 수동적 입장에서 형과 색에만 관심을 갖는 것이다.

감상이란 말을 일괄해서 말하기는 어렵지만 조형물의 감상법에는 기본적인 공통된 이론이 있다. 바로 조형의 구도학이다. 분재예술에 있어서도 그 작품이 내적이며 질서적인 원리와 구도적 이해, 창작 표출의 의도 등이 체계적으로 또는 논리적이며 합리성 있는 분석과 평가 등으로 보편성 있는 답을 준다면 감상면에서 분재예술을 이해할 수 있을 뿐만 아니라 미래지향적으로 발전을 기할 수 있다. 이런 요지의 이해로 다음과 같이 구도의 형식을 살펴보자.

2 동양의 구도

우리는 동양 문화권이라는 지리적 조건에 속한 민족이기에 동양화의 구도를 요약해 보는 것은 구도의 이해와 분재 창작과 감상에 많은 도움이 되리라 생각된다.

서기 4세기 말 남제南濟 사혁은 '고화품록古畵品錄' 서문에서 '육법'을 기술하고 이를 중국의 화론에서 기법과 감상에 이르기까지 규범의 기초가 되도록 하여 우리나라와 일본에도 영향을 주었다.

1) 기운생동氣韻生動

작품을 이루는 주관적, 객관적 정신을 화면에 어떻게 정신적으로 표현하느냐 하는 근본적인 문제로 영혼을 공명시킬 수 있는 생명력의 표출과 생동적인 감응력을 말한다.

2) 골법용필骨法龍筆

골법이란 회화를 이루는 구조와 윤곽으로서 사물의 형상이 주가 되며, 용필이란 붓을 사용하는 운필을 칭하는데 이것이 쇠약하면 화가의 기력을 잃게 된다.

3) 응물상형應物象形

물체의 형상을 그려내는 사실적 표현력 즉, 실상을 구현하는 사실성을 의미한다. 실상이 정확하게 표현되지 않으면 현상과 내용은 물론 예술가의 정신을 충분히 전달할 수 없다.

4) 수류부채隨類賦彩

대상의 색채 표현을 칭하는데 색채가 적절치 못하면 실감나지 않고 진실되게 다양한 양태들을 표현할 수 없다.

5) 경영위치經營位置

앞의 요소들이 모두 적절하더라도 화면의 주체가 정당한 제 위치에 배치되지 않았거나 원근의 공간배치가 부실하면 전체적으로 서로 조화되지 않는다. 개개의 형상이 잘 표현되었더라도 전체적인 구성과 통일감이 절실히 요구된다.

6) 전이모사轉移模寫

임모臨摹모사로서 옛 그림의 원본을 그대로 베끼는 의미와 현실적 사물의 형상을 사실적으로 사생한다는 두 가지 의미를 가지고 있다.

이상의 육법은 첫째의 기운생동을 가장 중요시하였고 청나라의 추소산일주鄒小山一佳는 '소산화보小山畵譜'를 저술하여 감상, 비평의 입장과 작가의 입장 에서의 육법은 종합적인 감각이라고 정의를 내리기도 했다. 그리고 경원일치景遠一致 즉, 구도가 먼저 결정되고 응물상형과 전이모사가 따르고 골법용필과 수류부채가 계속되는 것이라고 하면서 화론을 이해하기 위해서는 먼저 구도를 생각하고 다른 요소들은 나중에 전개시켜야 한다고 했다.

이러한 기조 아래 수묵화에서는 여백을 허虛라 했고 물체를 실實이라 하였으 며 허와 실의 상호관계에 표현적인 움직임이 존재하는 것이라 했다. 또한 허와 실은 균형을 이루는 것이라 하였다.

회화에서는 선의 운동이나 균형을 동세動勢라 하고 미술용어로는 무브망(Mouvement)으로 일반화되어 있다. 인체의 동작이나 개체의 형태에서 보이는 중력의 방향성과 화면 전체의 움직임, 화면 중에서 형을 나타내는 움직임 그리고 형태와 공간의 상호관계에 대해서 사용되고 있다. 정과 동의 대비, 허와 실의 역학관계 즉, 균형과 비대칭균형 등이 작품의 주제 내용에서 발생하는 것으로 비례는 균형과의 관계에서 반드시 있기는 하지만 의식을 대상으로 하는 심리작용의 근본조건 또는 선험적 순수의식의 통일, 선험적 통각 등에서 우연히, 무의식적으로 이러한 질서와 통일이 이루어진다.

　기승전결이란 것도 있는데 이 형식에는 작품 구성의 발상과 시각적인 흐름이 합치되는 요소가 있다. 이것은 어떤 작품을 대하였을 때 처음으로 받은 인상에 의하여 기점이 되는 부분이 정해지고 그 형과 연결되는 흐름이 생겨 변화가 진행되며 그 움직임이 명료해져서 구도로서 무방한 것이라고 판단되는 경우를 이른다. 이때 기와 전이 적극적으로 움직이면 승과 결이 적극적으로 따르게 되는 것이라 하였다.

　이와 같이 동양문화에 있어서도 표현미술에 대하여 일찍부터 구도법의 개념이 확립되어 온 것으로 미루어 현대조형이 그 범주에 근거하고 있음을 확실히 짐작할 수 있다.

3 구도(Composition)의 이해

　콤퍼지션은 구도, 구성, 구조 등의 의미를 가지고 있는데, 이들을 종합해서 구도라는 용어로 정의한다. 구도는 여러 가지 요소에 따라 구성되고 조직되는 하나의 결합체로서 결국은 작품을 말한다. 구도라는 용어는 시대에 따라서 그 의미가 차츰 확대되어 르네상스와 19세기에는 지칭하는 내용에 약간의 차이가 있었으며 오늘날에 와서는 그 차이가 더 심해졌다. 그것은 작품의 제목으로서 콤퍼지션이라는 용어가 등장했기 때문이다.

　작품을 구성하는 여러 요소의 형태인 '구도'는 개개의 요소를 기본으로 해서 전체를 고려하고 전체와의 관계에서 검토한 다음 결정된다. 이러한 과정을 거쳐서 작품은 시각적으로 통일이 되고 작가의 사상이 최대한으로 표현된다. 이러한 목적을 보다 효과적으로 달성하기 위해 작가는 구성적 표현에 독자적 형식이나 법칙을 전제로 해서 답습하면서 창조해 간다. 이러한 형식이나 법칙이 누적된 것이 법칙이다.

　분재의 수형은 구도적 개념에서 시작되므로 이것이 그 형식 여하에 따라 전개되고 있는가를 기하학적 분석을 통해 그 적당 여부를 가늠할 수 있게 된다면 분재의 예술성에 많은 변화가 발생할 것이다. 구도가 적절치 못하면 외형으로는 보는 이의 시선을 끌지 모르나 그 작품에 작가의 의도나 정신적 정령, 인격의 파악에는 미치지 못하게 되며 그 작품의 진수를 모르게 된다. 예컨대 다리를 놓기 위해서 설계를 먼저 하는데 그 설계가 적절하여 미관상에서나 이용상에서 그 형식에 결함이 없다면 다리로서 가치가 성립되나 그렇지 못하면 흉물이 된다. 수형 역시 내적 구성이 합리적일 때 감상 면에서나 수형 자체가 안정감 있는 작품이 될 것이다. 따라서 구도의 개념은 우리의 시감각에 절대적인 요소로 작용한다.

기본 도형의 성질(점과 선)

　도형은 놓이고 그려진 그 자체로서 혼자 운동의 방향을 나타낼 수 있다. 아무리 안정감이 있는 도형이라도 놓인 상태에 따라 그 도형의 성질은 변화하게 된다. 많은 도형들이 혼자 놓인 경우에는 움직이는 방향이 애매하여 작가가 어느 방향으로 운동감을 주었다 하더라도 그 작품을 보는 제3자가 그것을 정확하게 감지하기 어렵다. 따라서 색채를 대비하면 다른 도형과의 관계나 작품상에 놓여진 위치에 대한 고찰로 보는 이에게 운동방향을 전달할 수가 있다. 이와 같이 물체나 선은 운동을 하고 있는 것이다.

　점은 정지하고 있으면서 대기하고 있다. 어느 공간에 점이 놓이면 점과 선 사이에 장력이 발생하여 선이 생기며 선은 신장하려 한다. 점과 점 사이를 이어주는 시각을 '이도移導'라 한다.

① 백지 중앙에 점이 있다. 시각은 이곳으로 집중된다.
② 점이 한쪽에 치우쳐 있으므로 시각은 한쪽으로 이동되어 운동감을 주고 다른 쪽에는 인력이 발생하고 있다.
③ 수평으로 선이 퍼져 있는데 일정한 굵기의 수평선에 의해서 좌우가 균등한 힘으로 대립되고 있다.
④ 이 수평은 경사처럼 사각이 완만한가 급한가에 따라 인력의 세기에 차이가 난다.
⑤ 수직선은 깊이를 암시하면서 배치된 위치에 따라서 움직임에 대한 강약을 나타낸다.
⑥ 이 직선이 구부러지면 각도가 발생하고 그 각도가 둔각에서 예각으로 좁혀지면 잡아당기는 인력은 그만큼 증가한다. 여기에서도 꺾어진 위치나 배치된 위치에 따라 선 전체의 방향성에 변화가 생기게 된다.
⑦ 구부러진 각도가 문제가 되는 것은 직각이다. 놓인 방향에 따라 정점을 향하면 움직임을 느끼게 하지만 직각이 되어 수평과 수직의 관계가 되면 움직임이 정지하여 선으로서의 방향성과 예리한 정지감이 나타난다.
⑧ 곡선은 굵기에 차이가 있을 때 그 방향성이 나타난다. 한쪽 끝에서 다른 끝으로 향하여 좁아지면 그 방향성은 더욱 강해진다.
⑨ 원심형은 선의 간격이나 굵기가 일정하면 원심력 표현이 약하게 되나 구심 쪽으로 향하면서 선의 굵기가 가늘게 되면 원심운동이 강해진다.

선線의 감정感情

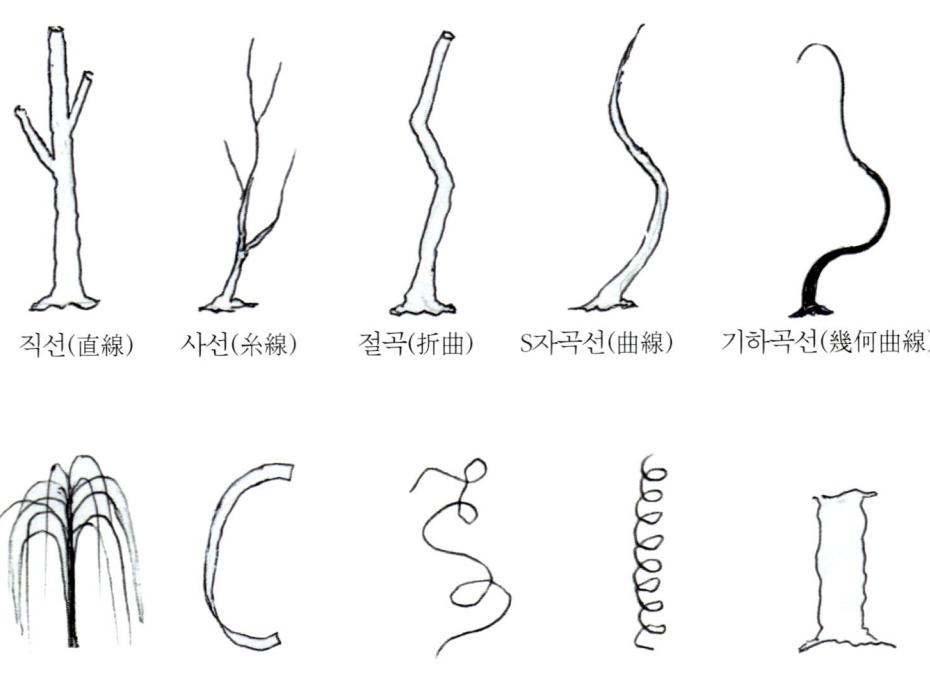

직선(直線)   사선(糸線)   절곡(折曲)   S자곡선(曲線)   기하곡선(幾何曲線)

포물선(抛物線)   C커브   자유곡선(自由曲線)   나선(螺線)   굵은선(太線)

선이란

  선이란 점이 밀집하여 누적된 형태로서 어떤 물체의 면을 이루고 그 물체를 연결했을 때 발생한 형은 자연 속에서 시각적으로 선으로 보인다. 이것은 경관미에 대한 역할은 하지 못하나 어떤 형태를 그릴 때 선은 점보다 더욱 강력한 심리적 작용을 하게 된다. 또한 이에 반하여 대각의 자연물들은 자유곡선으로 된 형이 많고 곡선은 기하학적인 원과 원과 포물선이 있으며 또 하나는 자유곡선으로 된 개성적인 선이 있다. 전자들은 반복해서 똑같이 그릴 수가 있으나 후자는 변화가 많고 재차 동형을 그리기가 어렵다. 곡선은 여성미가 있으나 너무 심한 표현을 하게 되면 오히려 전자의 정반대 현상으로 된다는 것으로 간략히 요약한다.

5. 구도의 형식

작가가 어떤 모티브(Motive:구성단위)를 작품으로 구성하려면 여러 가지 조형요소들을 조화롭게 배열해야 하는데 그 요소들은 다양하고 복잡하지만 배치하고 안배하는 골격은 단순해야 한다. 어떤 정해진 기본 틀에 맞추는 것이 아니라 작가의 강한 감동이 이러한 선율적 구성 의지에 의해 표현되어야 한다. 이때 구도형식은 구성요소 사이에 균형이 잘 이뤄졌을 때 가능하므로 형태 전체의 법칙성에서 구도의 몇 가지 형식을 살펴본다.

1) 수평과 수직의 구성

정방향의 면에 일정한 간격으로 가로와 세로의 직선을 그어서 허면虛面을 만들어 조화와 균형을 찾아보면 조형적 질서를 쉽게 파악할 수 있다. 이때 수직은 공간적인 깊이를, 수평선은 횡적 확산을 연출하여 상대의 존재에 수직적으로 통일감을 가져오고 이는 균형으로 발전된다. 이 수직과 수평의 연결은 눈에 보이는 형식이 아니라 형식의 전개에 대한 기본법칙에 의한다.

2) 대각선의 운용과 효과

백사면지를 볼 때 우리의 시각은 먼저 지면 중심에 쏠리게 되고 이어서 중심에서 사면팔방으로 확산된다. 이때 중심으로 모이고자 하는 구심과 원심이 상반되는 힘의 관계에서 심리적인 균형을 구하려고 한다. 이때 사각은 사방으로 빠져나가고 확산하여 모서리로 향하려는 힘 즉, 대각선의 존재를 암시하게 된다. 그래서 원근법을 비롯한 투시도법과 연관되어 공간의 깊이를 표현할 때는 대각선 구도가 흔히 사용된다.

3) 원형의 순환

사람이 지면이나 화면을 응시할 때 시선의 방향은 생리적으로 먼저 왼쪽을 보고 이어서 오른쪽으로 옮겨진 후에 회전하고 순환하여 소용돌이 모양으로 움직임을 느낀다. 이러한 경향이 있기에 사람들은 원형을 바라보면 시각적으로 강한 좌회전과 약한 우회전을 동시에 느끼게 된다.

6. 대립과 대비(Contrast)

콘트라스트는 서로 유사한 형태들 속에 이질적인 다른 새로운 형들이 더해져 변화를 일으키는 것을 말한다. 이러한 대립은 색채에서도 동일한 데 대립되는 정도가 심할수록 관람자의 시각을 이끄는 힘이 강해지며 이끄는 힘이 강할 때는 '강조' 라 한다. 강조의 효과는 형태보다 색에 강하게 작용하는 경우가 많다. 예로 철쭉은 개화기에는 형보다 색이 강하다. 그러므로 주제를 강조하고자 할 때에는 대립과 대비는 필수요소가 된다.

7. 균형(balance)

균형이란 두 개 이상의 형태나 물질이 역학적으로 평형을 이루는 것을 말한다.(물리적으로 그 해법을 가져야 한다) 하나의 물질이 한쪽으로 기울어지지 않게 수평으로 펼쳐져 있는 상태에서 체적이나 중량이 같은 형태가 중심에서 같은 거리에 놓여질 때 평형을 이루게 된다. 그러나 체적이나 중량이 서로 다른 형태일 때에는 중심으로부터 적절한 거리에 배치되어야 비로소 균형이 이루어진다. 중량감이 없어 보이는 평면적인 형태를 다른 형태와 비교하면 무거워 보이기도 하고 가벼워 보이기도 한다. 이를 '착각' 이라 한다.

8. 대칭과 비대칭(Symmetry, Asymmetry)

동일한 형태의 물체가 서로 균형을 이루면 중심에서 점이나 선 또는 평면을 축으로 하여 같은 형태가 서로 대칭되는 상태를 이룰 때 대칭이라 한다. 대칭은 질서와 미가 완전하다는 상징으로서 조화의 기본이다. 대칭이 깨어지면 변화가 생기는데 그 상태를 비대칭이라 한다. 그러나 대칭이 안정을 의미한다 하여 비대칭이 불안정을 나타내는 것이 아니고 동적인 변화를 수반하는 조화미를 의미한다.

9. 비례(Proportion)

비례란 어떠한 물체나 형태를 배열하였을 때 형태나 색채에 있어서 양적으로나 길이와 폭, 면적의 대소가 일정한 크기의 비율로 증가 또는 감소된 상태로 배치된 것을 비례라 한다. 비례가 잘 이뤄지지 못하면 혼란과 불쾌감을 주게 된다. 비례는 부분과 부분 사이의 크기와 관계를 말하기도 한다.

모든 예술적 구조 위에 가장 쾌적한 시간적 공간적인 간격을 자동적으로 부여해 줄 수 있는 어떤 완전한 비례의 법칙을 설정해 보려고 오늘날까지 노력하고 있다. 그중에서 가장 오랫동안 지속되어 온 것이 '황금분할' 이라는 것이다. 이것은 선분을 둘로 나눌 때 긴 쪽과 전체에 대한 비율과 짧은 쪽과 긴 쪽에 대한 비율을 서로 같도록 한 것이다.

10. 조화(harmony)

조화란 어울림을 뜻하는 것으로 음악과 미술에서 공통으로 사용되고 있다. 같은 형태나 색채의 반복, 다른 형태나 색채를 복합하여 하나의 단위를 형성할 때는 주로 반복함으로써 어울림이 형성될 때가 있다. 반복과 반복에 주어지는 변화 정도에 따라 단조롭기도 하고 그렇지 않기도 하지만 규칙적인 반복이 시각을 이끌어 짜임새를 형성하면서 공간감을 연출하기도 한다. 둘 이상의 구성 재료의 형태나 색채가 상호간에 대한 가치판단으로 서로 분리되거나 배척되지 않고 통일된 전체로서 각 요소가 종합적으로 감각적 효과를 발휘할 때 일어나는 미적 현상을 '조화' 라 한다.

시각예술의 조화는 공간과 형, 색채, 명암, 원근 등이 동시에 포착, 비교됨으로써 생기는 자극이며 이들 모두 '동시' 라는 공통의 법칙으로 조화될 수 있는 방법요소이다. 이들 요소를 구별하면,

　① 같은 것 또는 같은 성질을 가진 요소가 반복되는 경우
　② 거의 비슷한 공통된 성질을 많이 가진 요소들이 결합하는 경우
　③ 전혀 다른 성질을 가진 여러 가지가 통일감 있게 존재할 경우들이다.
※ 조형의 기본 원리 중에서 비례, 조화, 균형의 세 가지는 가장 중요한 요소들이다.

11. 도형의 시초

인류가 최초로 발견한 기하학적 도형 그리기는 원이다.

가축을 말뚝에 매면 고삐의 길이만큼만 그려진다. 이것을 보고 원의 작도법을 배우고 장구한 시대가 흘러야 했다. 이집트 시대에는 정사각형을 그리는 간단한 방법으로 줄을 등간격으로 14개의 매듭을 만들고 ①을 고정 ⑤를 꺾고 ⑨에서 ②번으로 꺾은 자리가 3:4:5의 비례가 된 직각형이 된다. 여기에서 다시 ①로 당기면 정사각형을 구하게 된다. 피라미드 축조 및 각종 신전의 평면 계획은 줄치기 법에 의해서 확정되도록 한 것이라고 한다. 이집트 유역의 잦은 홍수로 인하여 측량이 반복되면서 세기 초로 발달한 것이다. 한 개의 줄로

정사각형을 만드는 방법도 이러한 필요성에서 기인된 것이다.

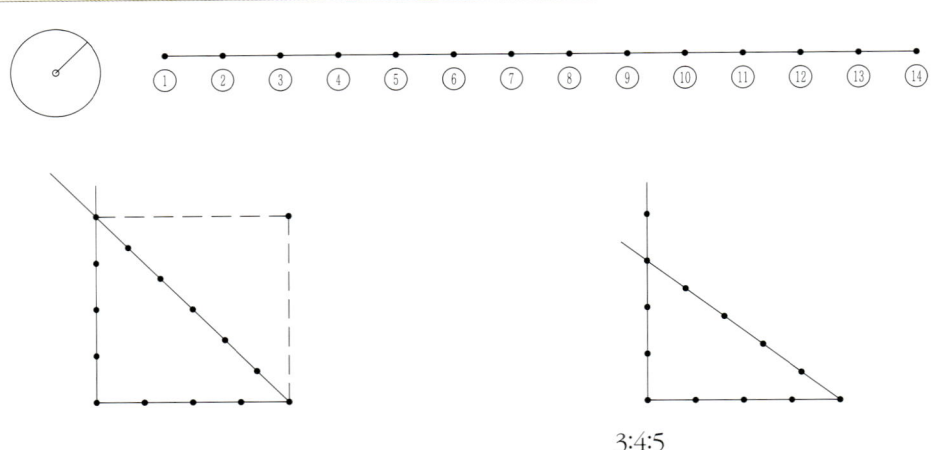

| 그림 1 | 도형의 시초

12 삼각형의 이해

분재의 수형은 부등변삼각형으로 되어 있다. 그러면서도 삼각형에 대한 이론이나 구도학은 없다. 부등변 삼각형은 이미 불안정성을 가진 형이다. 그러면서 균형이 맞아야 하고 조화가 이루어져야 하며, 안정감이 있어야 된다는 등의 조건들이 있다. 그렇다면 어찌해야 될 것인가? 모든 사람은 어떠한 물체라 할지라도 일그러지고 쓰러져 있으면, 바로 잡아 주는 것이 심리적 작용이다. 그렇다면 그 해법은 수리적인 것과 물리적인 방안으로써 우선 부등변삼각의 무게 중심을 구하고 다음에는 역학적 작용과 선線학적 요령으로 바로 보이고 안정성 있는 형태로 잡아 주는 방법일 것이다. 그러기 위해서는 다음과 같이 삼각형의 기본형들을 다시금 고찰해 보는 것이 타당하므로 다음의 그림을 참고 키로 한다.

※ 삼각형은 분재의 수형에서 뿌리, 줄기, 가지 등에까지 개체가 누적 또는 연결되어 전체로 이어지므로 분재 형태와의 연관성은 어찌 되어가나 연구할 점이 많다.

(1) 삼각형의 기본

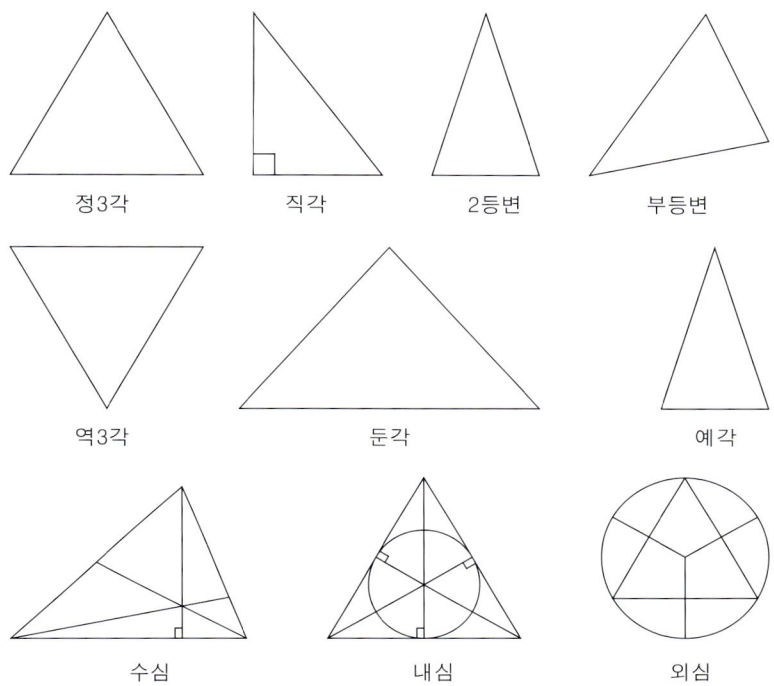

(2) 삼각三角의 힘에 대한 역할役割(장력張力과 인력引力)

장력이란 한 물체 내의 임의의 면에 있어서 그 면에 수직으로 또는 두 쪽의 부분을 서로 떼어 놓으려는 방향으로 작용하려는 응력應力

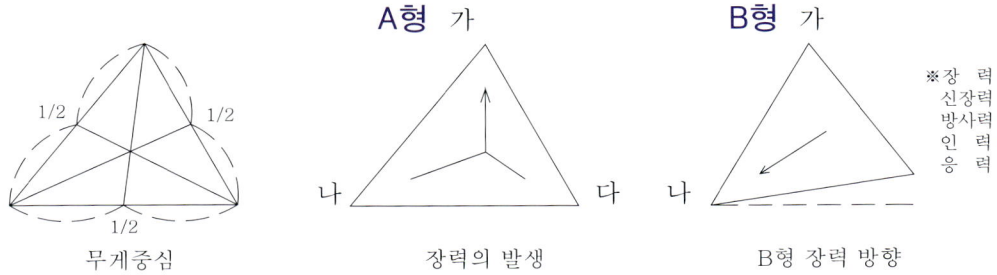

※A형의 부등변은 밑변이 수평선상에 놓여 지면 장력은 수심 ㉮쪽으로 발생한다.

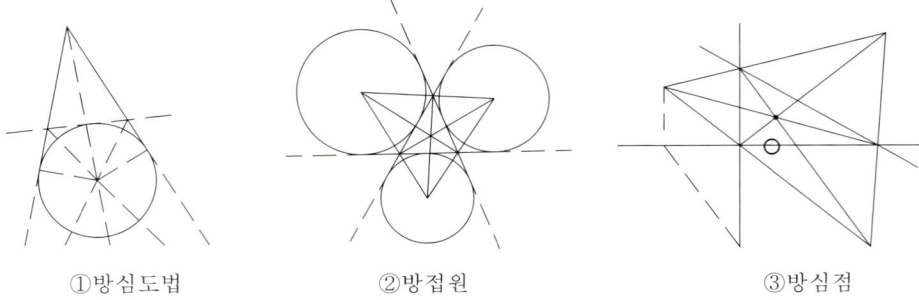

①방심도법　　　　　②방접원　　　　　③방심점

　　방심傍心이란 방접원傍接圓의 중심을 말한다. 방접원은 삼각형의 한 변과 다른 두 변의 연장선에서 접하는 것을 말하며 그림②와 같다. 그림 ③ 삼각형의 O 점은 방심점이며 이 방심을 기점으로 하여 같은 방법으로 그어나가면 계속된 삼각형이 생긴다.

　　이 방식은 구도로서도 수형에 적용되지만 특히 합식合植이나 주립株立의 경우에는 기본이 되며 구도상構圖上에서도 크게 작용된다.

　　(3) 위와 같이 삼각형에 대한 여러 가지를 고찰해 보았다. 앞에서 언급했듯이 분재의 기본형은 부등변 삼각으로 되어 있기에 삼각형의 이모저모를 이해하고 보면 왜 분재에서 구도학構圖學을 필요로 하는가에 대하여 이해가 되리라 본다.

　　(그림 ③의 방법으로 합식合植의 구도에 적용하면 이상적일 것이다.)

※ 참고
(외심과 내심)

　　앞에서의 중국화론과 같이 미美를 표현하는 데 있어서 모든 예술품이 그러하듯이 분재에 있어서도 공空과 허虛와 실實 또는 기승전결起承轉結 과 동세動勢는 어떻게 작용하는지 알아보면 옆 그림과 같다.

| 그림 2 | 삼각형의 이해

면에 대한 시각적 이해

우리는 사각 문화에 젖어 살면서도 사각 감정에 둔감해지고 있다. 이에 사각면을 제시함은 문화적 예술 분재로 더욱 이상적이며 미래지향적인 창작의 이론적 개념을 구도라는 요지로 설명하려 함이다. 여기에 제시된 면의 도형은 미술계에서 이미 분석하는 데 사용하고 있다.

(P(풍경), F(인물), M(해면)의 면은 그림의 규격이다.)

면의 구조와 형태 ※이 도면 이외에 다양한 도법이 있다.

① S형(Square)

Equal parts 등분할

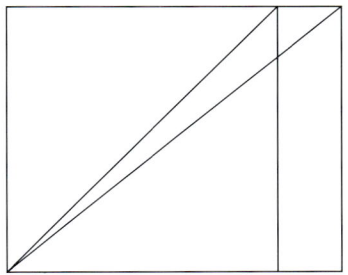

② F형(1.236:1) 1:0.8 (피귀르figure)

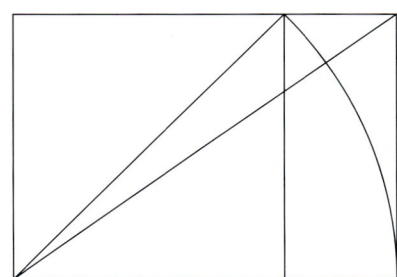

③ P형(1.414:1) 5:7.07 (페이자즈paysage)

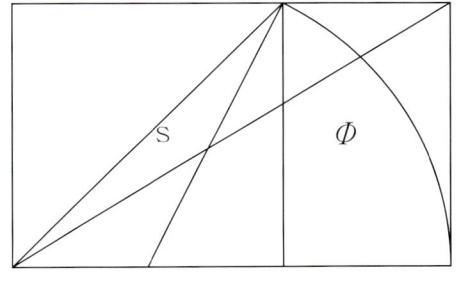

④ M형(1:1.618) 5:8.09 (마린marine)

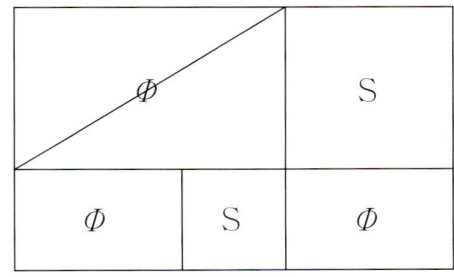

S형과 장방형 분할

제4절
분재 수형의 분석 평가

 수형의 분석과 평가 I (황금분할)

▶이 작품은 2008년 예향남도 분재전 전시 팜플렛에 있는 조합 광주지부 오준현씨의 곰솔 작품이다.

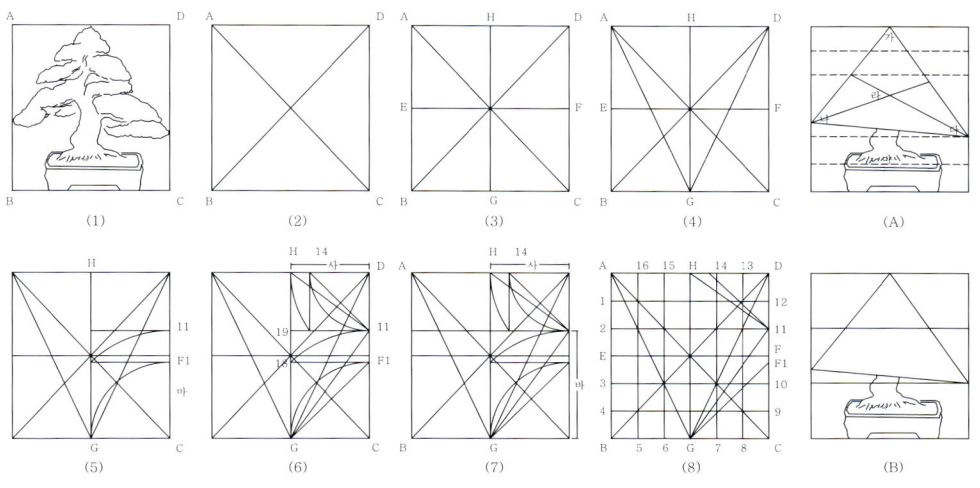

| 그림 3 | 수형 분석의 기초 작도법

1) 분석의 작도 설명

수형을 그림 (1)과 같이 정방형을 정하고 그림 (2)와 같이 B·D, A·C의 대각선을 긋고, 그림 (3)과 같이 G·H, E·F로 그으면 4등분되고 그림 (4) G에서 A·D로 대각선을 긋는다.

그림 (5) C를 기점으로 G에서 컴퍼스로 원호를 그으면 F1·18은 정방형이 되고, 다시 C의 기점에서 18과 11로 원호를 그으면, 여기에서 G,19,11은 $\sqrt{2}$ 구형이 된다(S-1).

그림 (7)에서는 (사)의 구형과 (바)의 큰 구형을 얻게 될 것이며, 그림(7)을 세로로 2등분하여 A·B, G·H에서 S-2와 같이 반복하면 큰 ø 구형 2개와 작은 ø 구형 2개가 구해진다. (그림에서 ·점표는 교점이다) 그림(8)과 같이 세로와 가로로 (7)에서 나타난 ×표 2점을 이어 가는 기준으로 세로의 수직선을 먼저 긋고, 다음 ×표로 된 점을 가로 수평선으로 그으면 전체는 우연히 수평과 수직으로 6등 분할된다.(이를 허면이라 한다. ▥)

그러면서 각 대소의 4각들은 그들 간에 비율을 갖게 되어 분할된 것이다. 그림 (A)와 (B)는 세로와 가로가 등분할된 것으로 이 나무가 가진 도형의 분할이다.

※ 수폭은 10.7이고 분폭은 6.7이다. 이 비율을 「피보나치」급수로 계산해 보면 식 10.7÷8×5=6.6875가 되고 오차는 0.0125이다. 6.6875≒6.7이므로 오차는 시각으로 식별할 수가 없다.

2) 평가

이 나무의 수형은 전형적인 모양목의 수격樹格이다.

AB · CD는 6등분이고, GC, 18, F1은 정방형이며, AH, BG는 √구형이며 AE, FD는 수평 2등분이고, A, 2, 3은 수평 3등분이다. A, 15, 14는 수직 3등분이며, A · C와 B · D의 대각선은 화면의 중심(아)점이다.

이 나무의 수심은 H의 중심에 두었고, (가)(나)(다)의 부등변 3각은 밑변 3과 10의 등분할 선상에 두면서 수형 가 · 나 · 다 부등변의 무게 중심 (라)는 H와 G의 수직 2등분선의 정점에 두어서 좌우가 정대칭되어 완벽한 균형을 갖추고 있다. 1지(다)는 3과 10의 분할 선상에 있으며, 2지(라)는 중심에 있으면서 (나)까지 완만하게 뻗어 있고, 3과 10의 수평선을 (↑)표와 같이 5° 위로 잡은 것은 부등변삼각으로써 응력과 장력 관계를 잘 표현한 것이다.(주: 일반적으로 밑변이 수평이 되기 쉬움)

다음 가지들은 1 · 12, 2 · 11의 등분선에 두었으며, 수관부는 A · D, 1 · 12의 가로 등분선과 15 · 14와 세로의 등분선 내에서만 이루게 되면서 분재 수형의 부등변 수심이 H의 중심에 있으므로 수형 전체를 장악하는 힘의 역할을 충분히 하고 있다.

수폭 10.7에 분폭 6.7은 황금률에 대한 선분의 비에 맞도록 대비되었으며, 분의 운두는 4 · 9의 수평과 5 · 8의 수직에 있으면서 수목과 분과의 관계가 잘 조화되어 중량감이 잘 맞고, 식재도 수격에 잘 조화되도록 하였으며, 주간은 잘 노출된 뿌리 뻗음의 중심에서 G · H의 수직선을 기어오르듯이 좌우로 유연하게 수심까지 무리 없이 S자 곡을 하였고, 가지의 위치를 선의 외방 운동 측에다 둔 것도 선의 동세가 충분히 반영된 점이다. 또한 가지와 가지간의 공간도 자연스럽게 형성되어서 통풍과 일조에도 적절하며, 각 가지의 형성에서 응력(가지의 중량)도 적절하다.

다만, (카)교차점의 가지가 안으로 향한 역지逆枝로 된 것이 아쉬운 점이라 하겠다.

결론적으로 말하면, 본 작품을 구도적으로 분석해 본 결과 비례와 균형, 조화가 질서 있게 유지된 좋은 작품으로 평가된다.

2 수형의 분석과 평가II(잘된 작품 분석)

(이 작품은 분재문화22호에 실린 서진재씨의 해송작입니다.)

| 그림 4 | 본 도형은 A.B.C.D,E.F.는 황금분할 $\sqrt{2}$ 구형의 근사치 형식의 8등분 분석이다.

1) 분할 방식

주간은 정4각의 대각선 45°상의 사각으로 사각운동의 중성이 된다.

주간의 곡은 I점에서 E점으로 내방 75°각으로 신장 방향성을 충분히 활용하였고, E.F.G.의 부등변은 F점으로 무게 중심의 장력을 갖게 함으로써 형태적 불안을 시각적(역학적·물리적)으로 안정을 기하였다.

2) 수형의 평가

1지의 위치도 분할점인 수도 7.2의 5:8 지점에 두었고 가지의 수도1.2.3. 5.7.9의 이치에 맞으며, 가지의 중압감이나 지간의 공간도 적절하여 가지의 개체적 형태가 통일성이 있어서 보는 이의 시각에도 시원하다.

화분은 수폭의 비와 약간의 차이가 있지만 일반적인 시각으로는 느낄 수 없는 정도이고 약간 큰 편이며, 색상이 회색이라 가벼워 보인다.

3) 총평

분과 수형의 관계가(도형상의 M,J) 대비적으로 잘 대칭되어 있고, 여백 또한 상하 K,L의 상호 관계가 합리적이어서 전체가 구도적으로 작품으로서의 형식을 모두 갖추었다고 평가할 수 있다.

※ 이와 같이 작품을 4각 백지상에서 기하학적으로 분석을 해보면 그 작품에 대한 구도적 분석과 고찰이 가능하게 된다.

3. 수형의 분석과 평가 Ⅲ(잘못된 작품 분석)

| 그림 5 | 이 도형 A,B,C,D의 √2면 내에 작은 √2 4개로 분할한 6등분 분석이다 도형내의 분재는 수세나 기교는 좋으나 잘못된 점들을 분석해 보았다.

1) 분할 방식

이 도형은 장변과 단변을 각 6등 분할하였고 A.B.C.D는 √2 구형이고 그 안에 작은 √2 구형 4면으로 나누어 놓았다.

수간은 장변 $\frac{1}{3}$ 지점을 기점으로 면의 중심점 E를 수관으로 하는 예각 부등변 삼각형을 이룬다.

주간은 하변의 중심에서 시작하여 대각의 꼭지점으로 뻗어 장, 단 2등분 지점에서 교차하여 반대 방향으로 같은 사각을 이루며 진행하여 √2(4)면에 S의 여백을 형성하였다.

2) 수형의 평가

모든 분재는 근간지엽화실형의 7단계와 전후좌우가 있다 주간의 기운방향에 따라 안쪽과 바깥쪽으로 구분하여 기운 반대쪽을 안쪽으로 한다.

이 나무는 근은 잘 뻗어 있고 주간은 유연성 있게 수관까지 잘 오르고 있다 그러나 1지가 나무의 등 쪽에서 역부등변 삼각이 되어 있어서 √2 4면의 S공간이 1지의 강한 인장력에 의해 공간이 허 면으로 작용되는 아쉬운 구도가 되었고, 수관이 면의 중심선 E에 수직되어 구도 상 너무 경직하다.

3) 수형의 개작의 예

수형을 수간의 부등변 삼각형과 수심 E점을 옮김으로서 장역의 흐름이 어떻게 작용되고 중요한 가를 고찰해 본다.

| 그림 6 | 개작 전, 후 비교

4. 수형의 분석과 평가 Ⅳ(잘된 작품 분석)

| 그림 7 | ☞ 이 작품은 향록회 전시 팜플렛에 있는 박상동 씨의 모과 작품(H:63cm)이다.

1) 도형 설명

이 도형은 장변과 단변을 각 4등 분할하였고, A와 D를 $\frac{1}{2}$하면 A와 B.E.F는 $\sqrt{3}$ 구형이 되고, A.B.C.D는 $\sqrt{3}$ 구형 두 개가 된다. 좌대와 분은 4와 7의 등분 내에 있으며, 분은 F와 7선 내에 놓여 있으며, 수간은 6과 7의 교점에 초점을 두었으며, A.3.E 쪽으로 수간각이 집중 배치되어 있다. ㉣의 무게 중심은 E.F의 중심을 벗어난 점에 있으며, 수격의 부등변 ㉮. ㉯.㉰는 수간과 둔각삼각형으로 되면서 ㉯와 ㉰의 밑변은 수간 3과 8의 자리로 A와 B의 $\frac{1}{2}$ 선상에 두고 있다.

㉮와 ㉯의 공간(실實)과 ㉯와 ㉰의 여백(허虛)은 모두 4각의 대각선 상에 발생되어 있다.

2) 총평

이 수형은 취류식 주립이다. 우측 그림에서처럼 A.B.C는 수형의 각 꼴이고, D는 부등변의 무게 중심이며 아래로 떨어지고 있다. 이 형태는 A와 B 쪽으로 쏠려져 있으므로 불안감을 주고 있으나, B와 C 삼각의 밑변이 수평선을 이루어 안정성을 주려는 느낌이 있고 ㉮의 초점과 분의 중량감에다가 좌대의 투박하고도 긴 것은 전체의 불안을 역학적으로 그림 아래 ※와 같이 좌대를 적절하게 사용함으로써 밑에서 받쳐주고 위에서 눌러 주는 힘이 강하므로 전체의 불안을 해소하였고, 여기에 아주 잘 표출된 점은 둔각삼각형이 C 쪽으로 길게 구성한 점과 ㉮의 초점에서 (나~차)까지의 각 수간을 초점으로 모아 방사형이 된 것은 조형체의 구도학상 아주 극찬하지 않을 수 없다. 이와 같이 우리 분재가 구도학적인 개념을 갖고 구상과 표현이 이루어지기를 바란다.

모양이 좋지 않은 곡들(줄기나 가지 중에서)

꺾인형	 ㄷ자형	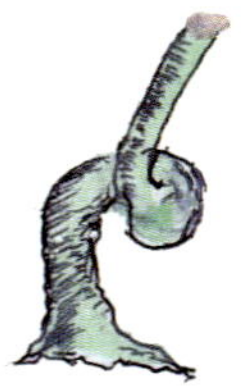 꼬인형	 ㄱ자형
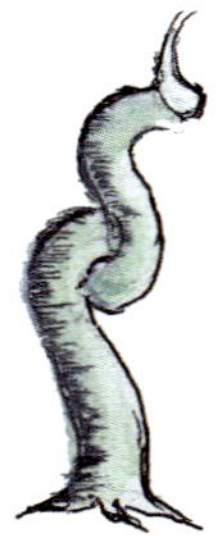 꼬부라형	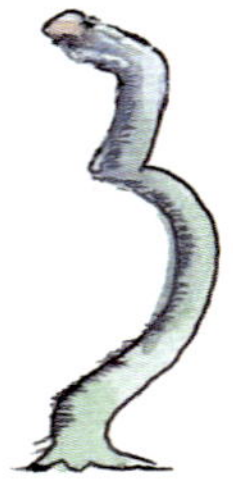 3자형	 파장곡형	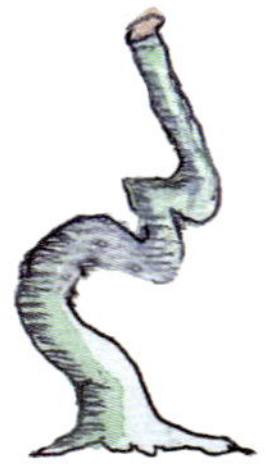 역반복형
 코끼리형	 나선형	 삼곡형	 입구자형
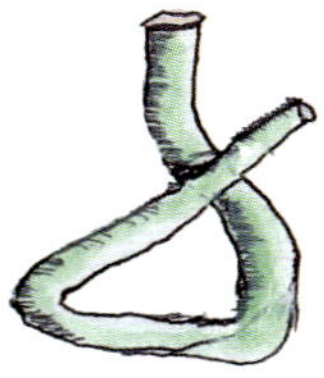 삼각형	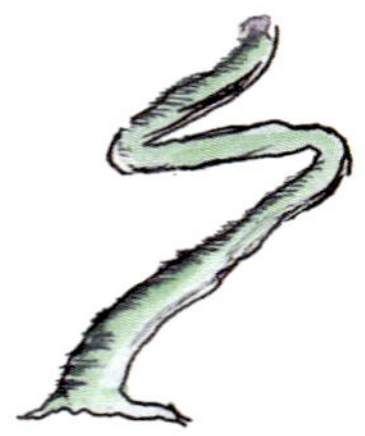 왕복형	 절곡형	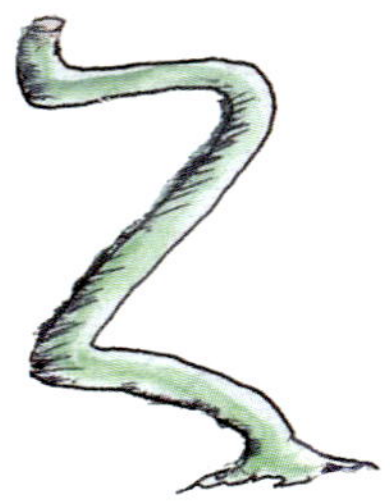 갈지자형

※줄기나 가지 중에서 나쁜 곡선들

분재盆栽의 기본基本 수형도樹型圖

직간	쌍간	모양목	사간
문인목	반간	현애	취류
주립	연근	합식	선형
추형	근상	근석부	석부
사리간	분경	개심형	선비목

3장

분재수盆栽樹의 조건條件 및 분류分類

제1절 분재수의 조건

지구상에는 수많은 종의 식물들이 자라는데 그중 분재 용수用樹로 이용되는 수종은 약 150여 종이 있으며 현대 과학의 발전과 함께 새로 태어난 종까지 합하면 수천 종이 된다. 그러나 아무 수종이나 분기에 심었다 하여 모두가 분재는 아니다. 앞에서 말한 바와 같이 분에 식재植栽한 수목은 인간의 잠재의식 속에 있는 자연에 대한 동경심을 떠오르게 하고, 생명력에 감격할 수 있도록 하는 조건이 갖춰져야 한다.

분재는 나무 자체의 내면적인 신비 속에 운치와 고태古態로운 자연미가 있어야 하며 수종별 고유 수형과 특성이 잘 나타나는 식물이 주종을 이룬다.

[분재용 소재목素材木의 조건]

① 뿌리의 뻗음이 좋아야 한다.(자생의 조건)
② 밑둥치가 잘 되어 있어야 한다.
③ 줄기에 느낌이 있어야 한다.(피皮, 색色, 고高, 심芯, 곡曲, 사리舍利 등)
④ 손질이 용이하며 잔가지가 잘 나오는 것이라야 한다.(맹아력萌芽力)
⑤ 잎이 작고 밀생하며 윤택감이 있어야 한다.
⑥ 수관樹冠이 잘 형성되어야 한다.
⑦ 수목이 축소된 형으로 균형이 맞아야 한다.(비례)
⑧ 전체적으로 안정감이 있어야 한다.(균형)
⑨ 분목의 수명이 길어야 한다.
⑩ 기후와 환경에 적응력이 있어야 한다.

⑪ 꽃과 열매가 소형으로 아름다운 색감이 있어야 한다.

⑫ 병충해에 강한 품종이어야 한다.

위와 같은 조건에 부합되는 수종은 모두 분재용 소재에 적합하다.

1. 뿌리根

뿌리는 분목에서 가장 중요한 비중을 차지하는 부분이다. 뿌리는 사방팔방으로 잘 발달해서 지면에 안착되어 있어야 안정감이 있다. 노태감老態感을 줄 수 있는 부위이기도 하다. 그러나 소재의 자생지 환경 요소에 따라서 좌우방 또는 일방一方으로 자생해 온 편근片根도 있다. 이들 나름대로 특징을 살려서 창작하면 그 또한 명목名木으로 작수가 가능하다. 직근直根은 조기에 절근切根하여 세근細根을 유발하게 한다.

2. 줄기幹

분목은 여러 형태로 가꾸어지나 수형을 결정할 때에는 반드시 지제부地堤部와 1지 사이(입상부立上部, 지하고枝下高)의 수간樹幹 형태에서 그 모양이 좌우된다. 즉, 밑둥치가 곧게 자랐으면 직간直幹으로, 기울거나 편근일 경우에는 사간斜幹으로, 갈라져 있으면 쌍간雙幹 등으로 수간의 형태에 따라 작수 가능하며, 직간 이외의 수형은 대체적으로 입상부의 수간을 세워서 수직으로 심지 않도록 유의해야 한다. 그 이유는 선감線感에 문제가 따르기 때문이다.

수피樹皮는 수종에 따라 고유의 특성이 있으며 느낌도 다르기 때문에 줄기에서 얻어지는 색감이나 노태감을 잘 살려야 하며 청결하게 자주 손질해야 한다. 근부根部에서 수심樹芯까지는 점차적으로 자연스럽게 곡이 연결되어 수고樹高와 수관폭樹冠幅의 비가 5:3이 되어야 이상적이다.

굵은 가지(태지太枝)가 고사枯死하는 경우나 송백류를 전지剪枝해야 할 때는 되도록 신神(삭정이)으로 이용하는 것이 바람직하다.

3. 가지枝

자연 수형을 살펴보면 줄기에서 이어진 가지는 무수하게 많은 잔가지로 형성되어 있다. 이는 연륜年輪을 말해주는 것이다. 그러므로 분재용 수종은 손질이 쉽고 잔가지가 잘 나오는 맹아력이 강한 수종이면 일품일 것이다. 세지가 많으면 뿌리에서 얻어진 수분과 양분은 분산되고 생장이 둔화되어 수관을 형성한다.

자연 수형을 유도하는 기법으로는 적심법摘芯法이라 하여 꼭지 바꿈의 기능으로 이루어진다. 이에 잘 적응하는 수종은 단풍나무, 소사나무, 느티나무 등으로 거의 적심에 의해서 세지의 초단부梢端部가 형성되며 이에 반하여 물푸레나무, 산수유나무, 명자나무 등은 적심을 해도 별로 효과가 없고 일절一切 일지一枝의 현상이 나타난다.

 엽葉

분재는 제한된 용기 내에서 자연 수형을 축소하여 배양하는 것으로 잎이 줄기나 가지에 비하여 너무 많으면 비례상 부자연스럽다. 특히, 아조변이芽條變異에 의해서 생긴 수목과 같이 변이종變異種일수록 잎이 적다. 활엽수보다는 침엽수가 좋고, 무광엽無光葉보다는 윤택이 나는 수종을 선호하는 이유이다.

 수심樹芯과 수관樹冠

모든 수목은 정아우세頂芽優勢의 원칙에 따라 수심이 강하게 자란다. 그러나 수심은 무한정으로 신장하는 것은 아니라 수령이 차면(노수령老樹齡이 되면) 세지로 분산되고 차츰 수종 고유의 수관을 형성하는 것이 나무의 생리이다.

소재목은 연약한 묘목을 이용하므로 수심에 강한 세력이 집중되는 까닭에 기술적인 적심이 절대적으로 필요하다.

이때 적심은 수형상, 축소의 기술로 적절한 기본에 의해 행해져야 하며, 이 기법은 적심을 반복함으로써 부정아不頂芽를 유발하여 조기에 수관을 형성하고 수관을 이룰 수 있다.

 수령樹齡

분재는 항상 미완성품이다. 분재인의 기호에 따라서 개작이 가능하기 때문이다. 분재의 수종은 우선 수령이 긴 장수성長壽性 수종이라야 장기간 배양할 수 있다. 하나의 분목을 성목시키려면 수년간 인내심을 갖고 지속적인 작업을 해야 한다.

세월이 흐르는 동안 쌓인 연륜에서 시대감이 생기고, 변모해 가는 노거수老巨樹의 웅장한 자태에서 엄격한 기풍과 신비로움을 음미하며, 고태한 노간老幹, 노상老相 한 가지, 수피의 색감 등 인위적 기교가 차츰 자연현상의 것과 접근해가는 기쁨을 맛볼 수 있는 것은 곧 수령에서 오는 것이다.

제2절 분재의 분류

자연 수목들 중에서 분재로 가꾸기에 적합한 수종은 다양하다. 분재 분야에서는 이를 편의상 크기와 수종에 따라 다음과 같이 분류한다.

분재는 수목을 왜화矮化시켜 노목의 아취를 음미하는 것이기에 보통의 크기로는 30cm~60cm의 중품 정도가 관리면에서나 미적 감상에 가장 적합하다. 그러나 소품 분재도 그 나름대로의 멋은 더할 나위가 없다.

크기에 의한 분류

1) 대분재大盆栽

   수고 1m 내외 : 수목의 웅장한 기풍과 중량감에서는 일품一品이나 일반 가정분재로서는 관리상 문제가 있다.

2) 중분재中盆栽

   수고 60cm 내외 : 일반적으로 작수애용作樹愛用되는 편으로 예술적인 표현 또는 개작도 가능하다.

3) 소분재小盆栽

   수고 20cm 내외 : 웅장한 맛은 없으나 사랑스런 느낌과 친근감을 주면서 축소의 개념이 충만하다.

4) 두분재豆盆栽

   수고 10cm 내외 : 장상분재掌狀盆栽라고도 칭하며 깜찍한 느낌을 준다.

2 수종에 의한 분류

1) 송백 분재 松柏盆栽

상록성으로 수령이 길고 강인한 느낌과 고상한 기풍을 잘 나타내며, 고태미가 일품이다. 송백류는 구과목毬果木(Coniferales)에 속하며 7과科 48속屬 520종種으로 구성되고, 6과 16속 6종이 우리나라에 자란다.

※ 구과목=송과松科 식물

식물의 열매, 목질의 비늘 조각이 여러 겹으로 포개어진 구형이다. 원추형으로 된 각 비늘 조각 안에 비어져 난 씨가 붙어 있다.

품종에는 해송, 육송, 오엽송(섬잣나무), 두송, 진백, 주목, 화백, 편백, 비자나무, 구상나무, 삼나무, 가문비나무, 낙엽송 등이 있다.

2) 잡목 분재 雜木盆栽 (잡목류)

잡목류는 거의가 활엽수이며 낙엽 후의 한수寒樹 감상은 타종에서 감상 할 수 없는 고상한 아취가 있다. 품종에는 소사나무, 느티나무, 팽나무, 느릅나무, 단풍나무, 쥐똥나무, 담쟁이, 검양옻나무, 너도밤나무, 때죽나무, 정금나무, 당단풍나무, 화살나무, 신나무, 뽕나무, 서어나무 등이 있다.

3 감상에 따른 분류

1) 상엽 분재 賞葉盆栽

신록은 인간의 마음에 희망을 주고 녹음은 인간에게 심리적 안정감을 줄 뿐 만 아니라 자연의 위대함을 느끼게 하고 낙엽은 계절의 변화와 자연의 법칙을 느끼게 한다.

상엽분재는 이와 같은 잎의 아름다움을 감상하는 분재를 말한다. 또한, '한수' 라 하여 낙엽 후 앙상한 가지의 감상은 비할 바 없는 신기함을 맛보게 하며, 인간의 정서에 작용하여 감정에 여러 가지 오묘한 느낌을 주기도 하고, 자연의 힘을 느낌으로써 희망希望을 갖게 해준다. 품종에는 단풍나무, 소사나무, 느티나무, 팽나무, 느릅나무, 은행나무, 때죽나무, 당단풍나무, 서어나무 등이 있다.

2) 상화 분재 賞花盆栽 (상화류)

꽃은 인간의 심금을 울리는 수많은 아름다움을 가지고 있다. 꽃이 피면 생명이 신기하고 예쁘다는 것과 꽃은 또 누구를 위해서 피고 있는가? 꽃이 지면 무엇이 되는가? 여기에는 사랑이라는 진리도 있을 것이요, 생존과 번식의 의무도 있는가 하면 주변과의 친교도 있을 것이다. 분재인은 꽃의 향기에 사무쳐 가면서 수종별로 계절에 따라 피는 화목들을 주의 깊게 배양해야 한다.

품종에는 매화나무, 벚나무, 철쭉, 진달래, 명자나무, 장수매, 수사해당, 영춘화, 백일홍, 동백나무, 석류나무, 치자나무, 등나무, 산사나무, 목련, 황매 등이 있다.

3) 상과 분재實果盆栽

열매는 꽃의 연장된 생리적인 후속의 결실이다. 이를 위해서는 배양에 각고 의 연구와 노력이 필요하며, 열매는 곧 번식을 의미하고 계절의 풍요로운 정서를 안겨주는 선물이기도 하다.

품종에는 모과나무, 배나무, 감나무, 밤나무, 대추나무, 사과나무, 으름나무, 다래나무, 피라칸사스, 심산해당, 산사나무, 석류나무, 살구나무, 보리수나무, 은행나무, 매자나무, 낙상홍, 홍자단, 앵두나무, 오미자나무 등이 있다.

4) 초물 분재草物盆栽

풀은 자연환경에서 하나의 잡초에 불과한 것으로 여겨진다. 그러나 조형상 으로는 충분한 가치가 있는 관상물이라 하겠다. 이를 적절한 환경에서 관리 배양하면 이 또한 자연의 섭리에 대하여 신비스러운 풍격을 안겨주며 잡초가 아닌 명초名草로서 재배되므로 초물 분재의 아취를 충분히 음미 할 수 있다. 특히 우리나라 자생 잡초를 이용하면 더욱 의미 있을 것이다.

품종에는 석창포, 석곡, 두란, 고란, 애란, 복수초, 바위손, 대나무, 맥문동 등과 일반 야생 초류 전반.

※ 식재 방법 : 단식, 합식, 혼식

소재에 의한 분류

1) 채목 분재採木盆栽

  야생에서 채취

2) 생목 분재生木盆栽

  실생實生, 삽목插木, 접목接木, 분목, 취목取木

제3절
분재 수형

　분재는 뿌리, 줄기, 가지, 잎, 꽃, 열매, 형形, 분 등 각 부분적인 개체의 멋을 적절하게 구성해야 되는 것으로 심산계곡이나 산야, 해안 등에서 자생하고 있는 천년 고목의 형상을 분상에 이상화하여 축소 배양함으로써 축경縮景된 형태를 표현하는 것이다. 따라서 분상의 수형미는 자연의 모양보다 더욱 세련된 모습으로 표현되어야 하며 이를 위해 자연 경관과 자연 법칙에 대해 직관력을 갖도록 노력하고 그 의미를 부여할 수 있어야 한다. 직관력은 지식이나 습득과는 차이가 있으며 태도와 관습, 경험에 의해서 얻어지는 것이므로 평소 자연 경관에 대하여 관심을 가지고 더욱 세밀하게 관찰하여 자연수의 아름다운 형상을 마음에 간직하고 심미안을 높이며 이를 기초로 수형을 구상해야 한다. 이 부분이 분재의 기교의 핵심이다.

　그러므로 분재의 수형미는 자연의 축소된 표현체 즉, 자연 형상과 동떨어진 멋보다는 자연에 가까운 멋으로 구성해야 한다. 다음(분재의 기본 수형)의 기본 하에서 작수作樹하면 각 수형에 대하여 충만된 결과를 맞보게 될 것이다.

1. 수형미적樹形美的 정서

　분재 취미는 정서적 지성과 신체적 안위를 돕는 여가생활의 일환이며 생활 환경에서 자연을 이용하여 미의식을 피부로 느끼고 식물의 내면 깊숙이 파고들어 감상적이고 시각적이며 촉각적인 정취와 미적인 흥미 속에서 가정생활과 사회생활 가운데 인간의 인격 형성을 도모하는 것으로 바로 조형적 분재의 의미이기도 하다. 그래서 분재 취미는 단순한 기능을 익히는 것이라기보다는 하나의 정신 활동으로서 백세청풍百歲淸風을 누리고자 하는 인간본능의 생존적 개념과 고뇌와 쾌락이 자그마한 한 그루의 수형 속에 숨어 있는 것을 발견하는 것에 의의가 있다.

2 분재의 기본 명칭

1) 분재 명칭(74쪽 그림 참조)

① 수고   ② 지배枝配   ③ 수심: 줄기 끝   ④ 초梢:가지 끝   ⑤ 수관
⑥ 일지   ⑦ 신神   ⑧ 사리舍利   ⑨ 굴혈堀穴 : 흠집
⑩ 입상立上, 지하고枝下高 : 밑모양   ⑪ 배양토(식토)   ⑫ 분
⑬ 뿌리퍼짐   ⑭ 좌대

2) 분재 가지의 명칭(75쪽 그림 참조)

※ 모든 가지는 호생지로 가꾼다.

분재(盆栽)의 기본(基本) 명칭(名稱)

분재가지의 명칭

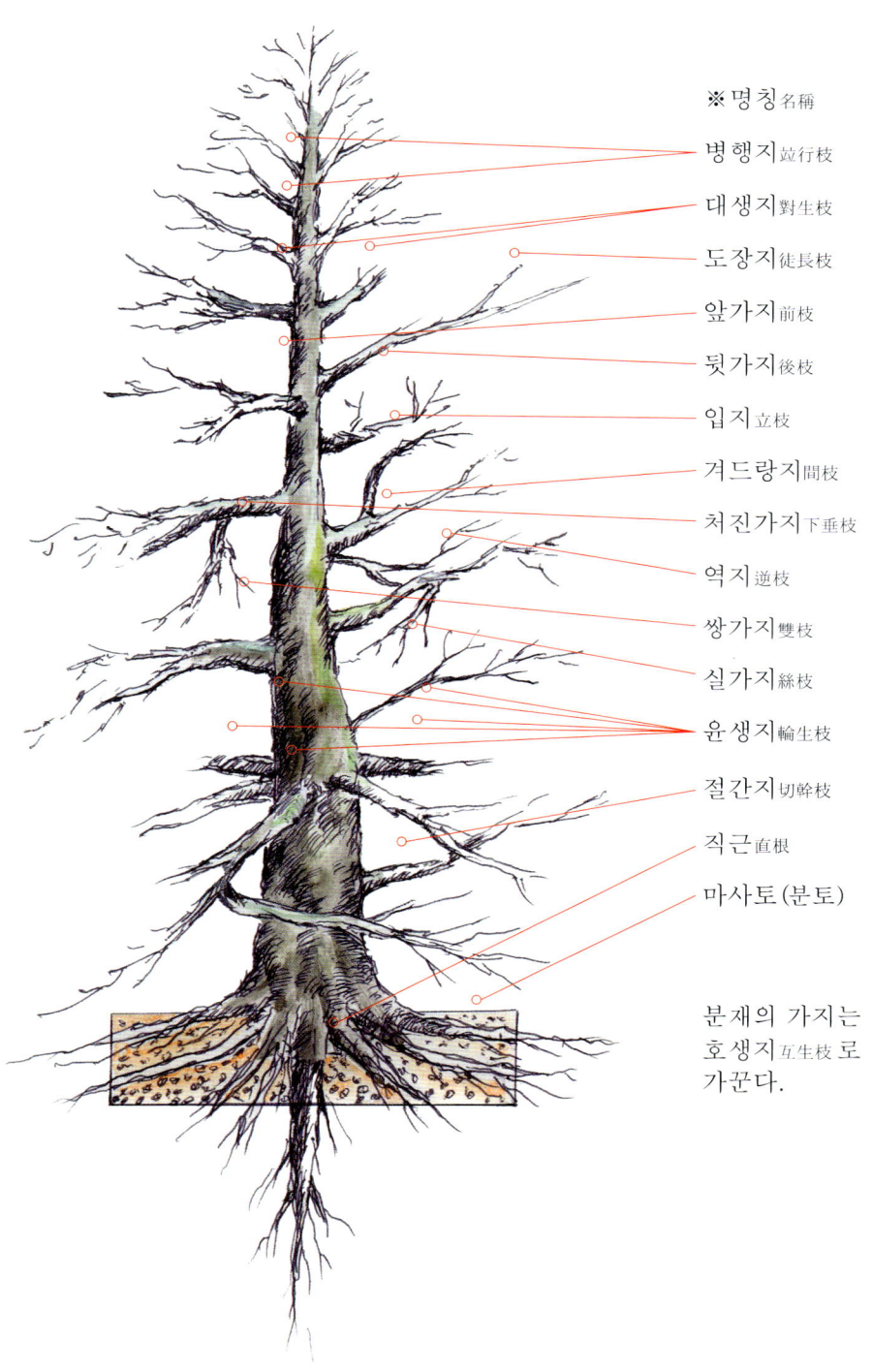

※ 명칭 名稱

병행지 竝行枝
대생지 對生枝
도장지 徒長枝
앞가지 前枝
뒷가지 後枝
입지 立枝
겨드랑지 間枝
처진가지 下垂枝
역지 逆枝
쌍가지 雙枝
실가지 絲枝
윤생지 輪生枝
절간지 切幹枝
직근 直根
마사토(분토)

분재의 가지는 호생지 互生枝 로 가꾼다.

4장

분재盆栽의 기본基本 수형樹形

제1절

직간 直幹

직간 수형의 구성에는 미적인 면에서나 감상 면에서 꼭 필요한 제반 원칙이 있으며, 이를 기본으로 하여 형식상의 균제미가 있어야 한다.

어떤 형체적 현상이 인간 본연의 능력을 바탕으로 하여 이론적인 면에서나 기술적인 면에서 능숙한 예기藝技로 이루어지고, 가능한 한 합리적인 수단으로서 구성되어 나타난 형태적 형상을 조형미라 하는데 분재 수형상 조형미의 기본이 되는 수형이 직간이다.

일반적으로 모든 나무는 상향 생장하며 직간의 수형은 교목喬木 직립성 수목에서 그 근본적인 수형을 취한 것으로 곧은 줄기가 풍기는 감정은 웅대함과 호쾌감을 준다. 그러나 막상 직간을 창작하려 해도 그에 맞는 소재를 구하기가 어렵다. 나무가 직립했다 하여 모두 직간 수형이 되는 것이 아니기 때문이다.

직간으로 취하기 위해서는 까다로운 조건을 갖춰야 한다. 직간일수록,

① 뿌리가 사방팔방으로 잘 뻗어야 하며,
② 줄기는 곧은 채로 점차적으로 수심까지 자연스럽게 가늘어지고,
③ 가지는 줄기를 축으로 하여 밑가지가 굵고,
④ 가지 사이(지간枝間)가 위로 갈수록 좁으면서 짧아져야 하고,
⑤ 1지는 수고의 1/3이 되는 곳에 두는 것을 표준으로 하며,
⑥ 가지들은 줄기의 모습과 같이 곧고, 전후좌우가 단조롭지 않게 조화 있는 윤곽선을 이루어야 하며,
⑦ 지지指枝는 피하도록 하는 것 등이 직간의 요건이다.

송백류의 가지는 둔각이, 잡목류는 예각이 자연스럽다.

알맞은 수종은 해송, 육송, 오엽송, 두송, 낙엽송, 삼나무, 단풍나무, 느티나무 등이며, 알맞은 분은 장방형長方形의 얕은 분이 어울리며, 색상은 단조로운 것이 좋다.

관찰 방법은?

1. 뿌리가 사방으로 발달되었는가?
2. 가지의 배치와 간격은 적당한가?
3. 나쁜 가지는 없는가?
4. 수관과의 조화는 잘 맞는가?

직간 直幹

작수의 요령은 아래와 같다.
수고 106cm에 수폭 75cm는 √2장방형의 면이다.
분폭 수폭 75÷8×5=46.875이나 50cm로 함.

직간의 작수 요점은 우선 수고가 정해지면 소재에 알맞은 면을 구하고
면 내에서 작수할 소재에 의한 구도적 예상도를 작성한다.
가지는 1지의 기부를 기준으로 할 때와 1지의 끝을 기준으로 하는
경우가 있다.
이는 가지의 사각에 의한다. (이 그림은 가지 끝을 기준으로 한 예임)

직간 直幹 1

(1)

예각형 銳角形

원기 있는 가지가 직선으로 15° ~ 20° 정도 위를 향해 뻗어나가면 젊고 원기 있는 세력이 강한 나무를 연상시킨다.
따라서 모든 수목은 정아우성(頂芽優盛)의 원칙에 의해 수직으로 자라며 수관이 형성되면서 가지는 점진적으로 방사(放射)를 이루면서 아래로 휘어진다.
습작시에 이러한 점을 고려하여 수형에 적합하도록 해야 한다.

분의 비율은 나무폭÷8×5의 선분의 비로 한다.
※조견표 참조

※직간 수형에 그려진 면은 황금비 Φ이다.
(5×황금률1.618=8.09, 8:5)

직각형 直角形

가지가 수평 또는 직각으로 형성되면 시각면에서 정숙감과 안정된 인상을 준다.
그러나 형태적인 면에서는 너무 완벽한 직각을 이루면 부드러운 감은 적은 편이다.

(2)

직간 直幹 2

둔각형 鈍角形

모든 수목은 연륜이 찰수록 가지는 분지分枝되면서 점진적으로 중력이 가해져 아래로 휘어진다. 이 점을 고려, 축소 창작한 형태가 둔각형이며 노화된 고태감을 준다.

> *Note*
>
>   줄기와 가지와의 각도는 예각에서 직각으로, 그리고 둔각으로 변해간다. 다시 말하면 예각은 원기 있는 모양, 직각은 정정한 모양, 둔각은 연로年老한 모양이라고 할 수가 있다.
>
>   따라서 가지가 어떠한 각도의 형태로 있는가에 따라서 젊은 나무의 느낌이나 노목의 느낌으로 만들 수가 있는 것이다.
>
>   수종으로는 송백류松栢類 같이 잎이 작은 수종이어야 한다.

제2절
쌍간雙幹과 삼간三幹

　쌍간은 두 줄기, 삼간은 세 줄기 형태로 보편적으로 야생에서 볼 수 있는 수형으로서 직간형과 곡간형으로 구분할 수 있다. 쌍간이나 삼간은 뿌리 부위에서 바로 두 줄기 또는 세 줄기로 갈라져 예각으로 입상한 것을 말한다. 쌍간은 주간과 부간副幹, 종간從幹으로 형성되며 주간은 굵고, 부간은 가늘며 양간은 필히 굵기에 차이가 있어야 한다. 두 줄기가 동일하면 시지각은 변화감을 잃게 되어 미적 감상에서 우둔한 감정으로 흐르기 때문이다. 그러므로 반드시 주간과 부간은 대소의 차이를 두어서 구성되어야 한다.

　직간형은 곧은 줄기이나 곡간형의 경우에는 곡에 대해서 선학적으로 어떤 규범을 갖는다. 주간의 곡이 갑자기 변화하여 부자연성을 가져서는 안 되며 주간의 곡은 유연한 흐름의 곡이 무난하고, 부간의 곡 또한 주간의 곡과 비슷한 동질의 선감으로 선의 흐름이 형성되어야 한다. 만약 곡선의 흐름이 주간과 부간이 서로 다른 곡으로 이루어지면 통일성에 문제가 따르며 이질감을 갖게 한다.

　수고는 통상적으로 주간의 1/2 높이에 부간의 높이를 두고 있다. 그러나 보다 합리적인 수치의 이상적인 선분비는 8:5 또는 8:3으로 적절한 미의 척도가 된다.

　가지는 주간과 부간 사이에 있어서는 안 된다. 가능한 한 주간과 부간의 곡선이 확실하게 보이도록 해서 답답하지 않고 경쾌한 배지가 되도록 해야 한다. 즉, 가지가 곡선의 흐름을 방해하지 않는 범위 내에서 쌍간 또는 삼간의 미적 존재를 확인할 수 있어야 한다. 주간의 안 쪽 일지는 부간의 수관 위에 두는 것이 상례이다.

　※ 묘목으로 두세 그루를 합해서 만드는 방법도 있는데 이때에는 어린 묘목을 뿌리 부분에서 밀착시켜 외견상 쌍간이나 삼간을 만드는 방법으로 성장시키면 실제 줄기와 구분하기 어려운 명품 작수가 가능하다.

쌍간 雙幹

작수의 비율은 아래와 같다.
나무 높이   80㎝
나무 폭   80㎝
분 폭   80÷8×5=50㎝

쌍간을 작수하기에 합당한 소재는 아주 귀한 편이다.
고목에서 취목하면 좋은 소재를 얻을 수 있다.

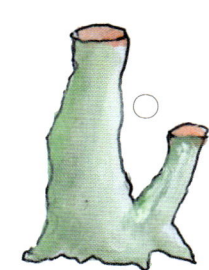

종간의 굵기는
주간의 1/2정도가 적당하다.

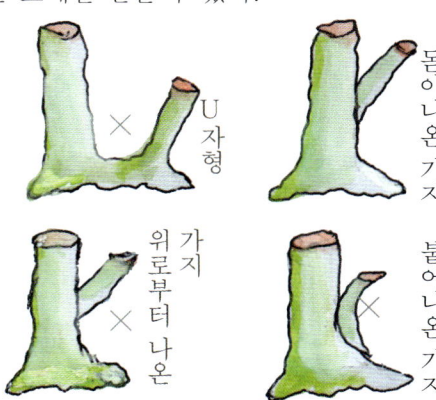

쌍간 雙幹

작수의 비율은 아래와 같다.
나무 높이 81cm를 황금비 8:5의 8로 기준한다.
나무 폭   50cm
직간형 종간 높이 51cm 8:5(81÷8×5=50.625cm)
곡간형 종간 높이 30cm 8:3(81÷8×3=30.375cm)
분 폭   31cm 8:5(50÷8×5=31.25cm)

이면은 50cm×1.618=81cm=Φ

쌍간작수에서 주간은 쭉 뻗은 줄기에 굴곡이 심하지 않고
종관과의 사이에는 가지가 있으면 안된다.
종간의 수관은 주간의 안쪽 1지의 아래에 있도록 한다.

※ 분에 식재시에는 필히 주간과 종간의 수심에 대한 안배를 고려한다.

쌍간 雙幹

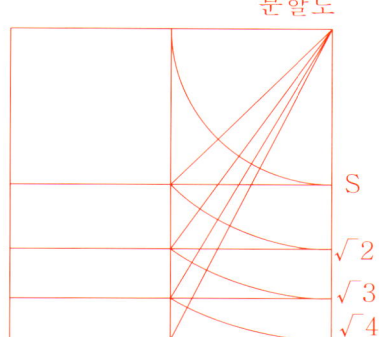
분할도

아래 나무는 피보나치 급수로 수식한다.
나무 높이   102㎝
나무 폭   102㎝
가지 높이   40㎝
분 폭   64㎝(분폭 102÷8×5=63.7㎝)

쌍간 雙幹

면의 구성

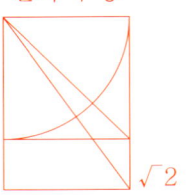

구도의 이해
작수의 비례는 황금분할 수치이다.
나무 높이   113cm을 1.618로 하고
나무 폭   80cm
분 폭   50cm(80÷8×5=50cm) 실용
ABCD는 √2 장방형 1:1.4142
가나다는 부등변 3각

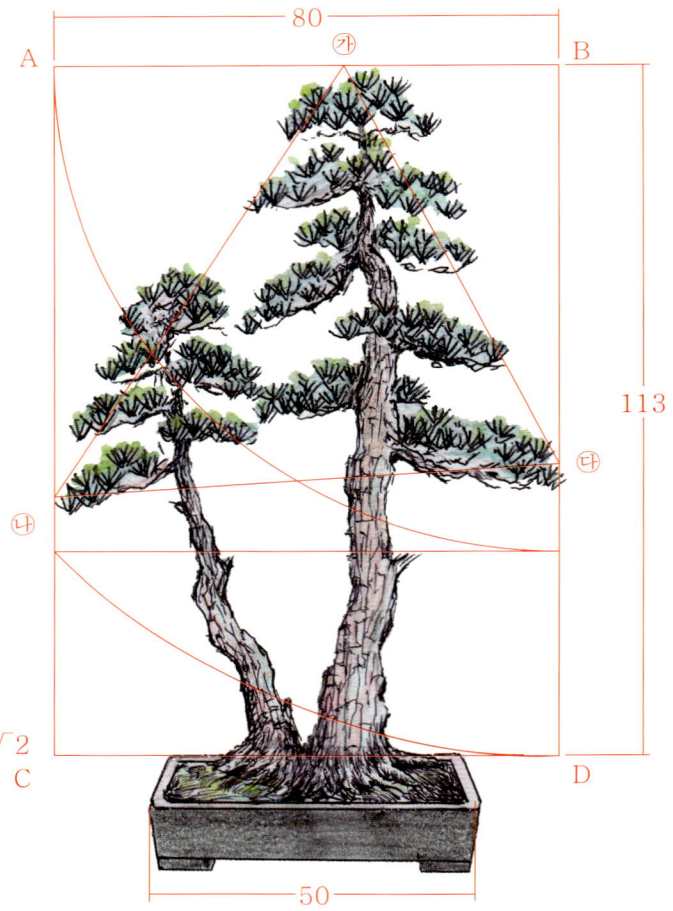

쌍간은 소재 구하기가 어려우므로 두 그루 합식에 의해서
작수하며 뿌리 붙이기에 유의하여 대소의 비례가 잘
맞도록 한다.
수형은 예각부등변으로 작수한다.

쌍간 雙幹

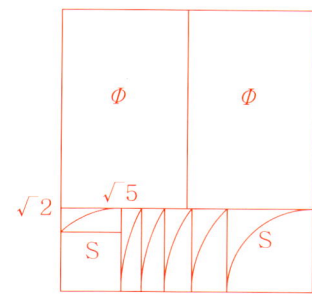

작수의 비율은 아래와 같다.
작수의 비례는 황금분할 수치이다.
나무 높이   92cm는 황금비 8:5의 8로 기준한다.
1지의 높이   35cm 8:3 (92÷8×3=34.5cm)
중간의 높이   58cm 8:5 (92÷8×5=57.5cm)
분 폭   50cm 8:5 (나무폭80÷8×5=50cm)

면의 분할 φ×2 √5×1 √2×1

석류 石榴 는 좌권 左卷 을 하며 유간성으로 되어 있다.

쌍간 雙幹

이 나무는 수고 101㎝ 수폭 90㎝의 ∅형의 면으로 이를 수형적 구도로 분할하면 큰 ∅2개 소 ∅2개로 분할한다.
※분할은 분석의 기초가 된다.

분재는 나무와 분의 조화가 하나의 과제이다.
위의 분의 크기에 대하여 선분의 비율은 분의 크기와 나무의 폭과 비례한다.
분은 나무폭 90㎝의 정수비 56.25㎝가 황금비이다
※조견표 참조

쌍간雙幹의 참고도

작수의 비율은 아래와 같다.
나무의 높이 90cm를 황금비 8:5로 기준한다.
나무 폭　　　　　111cm
1지의 높이　　　　34cm 8:3 (90÷8×3=33.75cm)
종간의 높이　　　　56cm 8:5 (90÷8×5=56.25cm)
분크기　　　　　　69cm 8:5 (111÷8×5=69.375cm)

이 나무는 도록에서 묘사描寫한 것이다.
이 나무의 구도적 면面은 F형 황금비 1.236:1(figura)을 등분할하였고, 구도 형식이 둔鈍3각을 이루고 있다. 분할의 작도 상에 나타난 주간은 면의 중심에 있고 종간 역시 주간과의 비례도 주간의 굵기의 1/2 정도가 되어서 쌍간의 형태가 잘 되었으며 세지도 아주 섬세하게 잘 받고 있다.

삼간 三幹

자연수형
작수는 나무 높이를 100.5㎝로 하고
주간 나무 폭　　　　80㎝
2간 높이　　　　　　70㎝
3간 높이　　　　　　50㎝
분 폭　　　　　　　50㎝

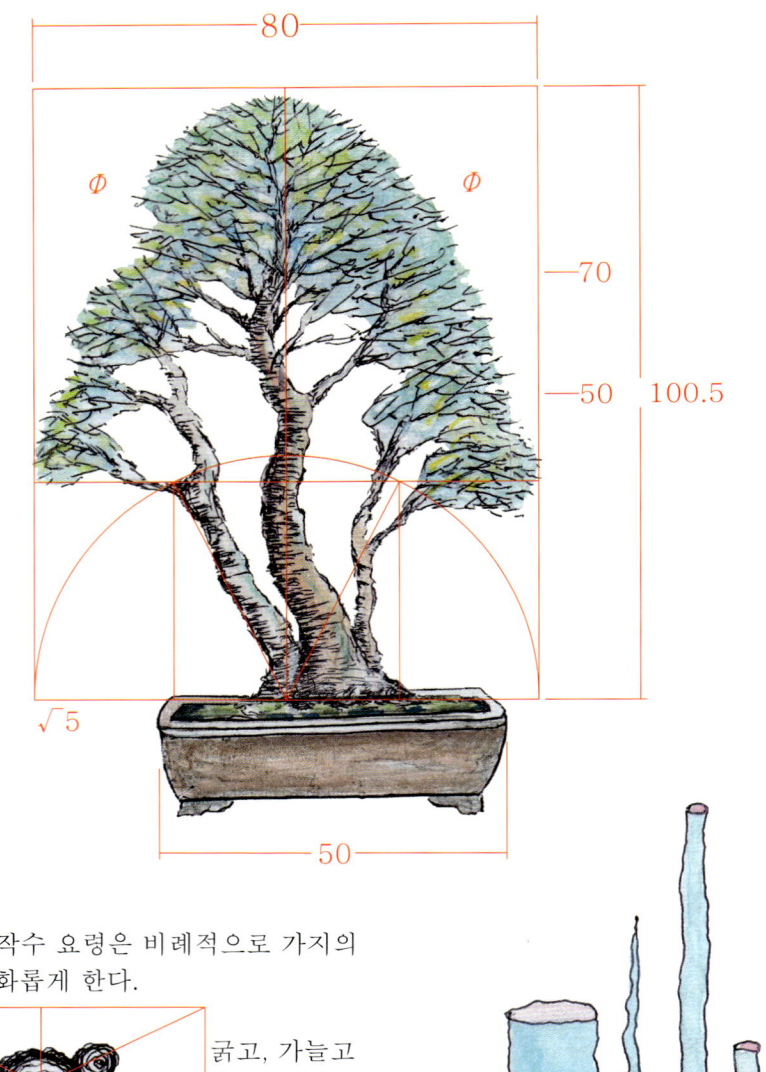

작목류의 작수 요령은 비례적으로 가지의
배치를 조화롭게 한다.

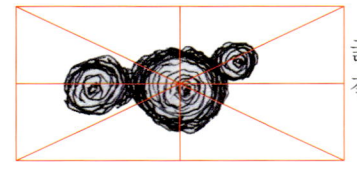

굵고, 가늘고
길고, 짧고

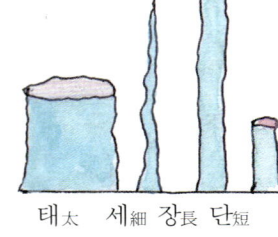

태太　세細　장長　단短

삼간 三幹

작수의 비율은 아래와 같다.
나무 높이 125cm를 황금비 8:5의 8로 기준한다.
나무 폭　　　　72cm
2간 높이　　　　78cm 8:5(125÷8×5=78.12cm)
3간 높이　　　　47cm 8:3(125÷8×3=46.87cm)
분 폭　　　　　 45cm 8:5(72÷8×5=45cm)

개화 4, 5월
결실 10, 11월
나무키 40~50m

급수 1+2+3+5+8+13+21··· 46,368+75,025−1.618황금률
삼간형으로 은행나무의 어린 나무는 합식으로 작수하며 암수나무로
고목형은 一品이다. 자연수형으로 많은 연구개발이 필요한 수형이다.

제3절
모양목 模樣木

모양목은 수종에 구애받지 않고 널리 애작되는 대표적인 수형으로 강한 풍우설한風雨雪寒에 시달려 동서남북으로 곡을 이룬 형태를 갖추었다. 모양模樣은 모범, 본보기, 상황, 현상, 맵시 등의 뜻을 지닌 글자로 어떠한 표의表意를 의미하는 것과 같이 모양목 수형은 각 분재 수형의 모든 규범이 되는 기본을 포함하고 있다. 모든 수형 중에서 질서적 균형을 이룬 수형이며, 인위적으로 작형作形한 수형이기도 하다. 그러므로 모양목의 구성은 많은 미의 척도를 가지고 있다.

1 줄기 幹

모양목은 줄기의 곡이 전후좌우로 자연스럽게 수심까지 이어져야 한다. 절각곡折角曲은 금물이고 근원부에서 일지간(입상)은 반드시 정면에서 좌측이나 우측 방향으로 수직에서 10도 정도의 각으로 기울어져야 한다. 그 이유는 수직으로 된 입상부 다음 마디에서부터 곡이 이루어지면 곡선이 연결되지 않고 시감각에 등분선等分線으로 작용하여 곡선에 이질감을 주므로 곡선의 신장이 단절되기 때문이다. 곡선의 차수次數는 좌우로 3차, 전후로 2차 이상의 굴곡이 반드시 있어야 한다.

가지를 두는 곳은 외방外方운동 선에 두며 내방內方운동 측側에 가지를 두어서는 안 된다. 그 이유는 선의 공간적 요소와 선학적 요소에서 시각적인 장애와 일조량에 문제를 주기 때문이다. 단, 장식지裝飾枝로서 단지短枝를 간혹 활용할 수도 있다.

2 가지枝

가지는 1, 2, 3지까지만 세는 것을 통상으로 하고 호생지互生枝로 하며, 일지는 반드시 쓰러진 쪽 즉, 외방운동 측에 두고, 2지는 후지後枝로 하고, 3지는 일지의 반대쪽에 두어 축을 이루도록 함이 이상적이다. 경우에 따라 이지와 삼지의 위치가 바뀔 수도 있다.

지지指枝는 절대적으로 피해야 하며 작지作枝는 한 줄기에서 호생으로 시작하여 세지는 둘과 둘씩 이어지도록 한다. 가지의 각은 둔각에 두는 것을 통상으로 하며 가지의 곡은 직간과는 달리 직선 수평이 되어서는 안 된다. 곡은 반드시 좌우로 3차 이상을 이루도록 할 것이며 파장곡波長曲은 절대 금물이다.

가지의 형태는 주지나 세지 모두가 부등변삼각형이 누적된 형으로 조형되도록 한다. 단, 수종별 고유 수형을 고려해야 한다.

3 뿌리根

뿌리는 직간과 같이 사방으로 뻗어야 함은 물론이나 이상적인 뿌리가 아닐 경우도 있다. 이때에는 일지의 반대쪽에 반드시 노출근이 있어야 한다. 뿌리의 노출은 어느 수형이나 필수적 요건이다.

뿌리가 잘 발달하여 대지를 움켜잡은 듯이 뻗어 있으므로 해서 전체적인 안정과 웅대한 노상을 나타나게 하는 요인이 된다. 일지의 반대쪽이 굵고 일지 쪽은 조금 가늘며, 전후근前後根은 그보다 더 가늘다면 가장 이상적인 뿌리 뻗음이다.

4 형태形態

주간의 곡이 부드럽게 휘어져 나선처럼 이루어져서 수심부樹芯部에 초점이 생기고 가지의 배치가 복잡하지 않으며 아담하고 조화로운 면이 있으면서 부등변삼각형을 이루어야 한다.

수형상 부등변삼각형을 기본으로 하는 이유는 각 변의 길이가 서로 다른 데서 연유한 변화성을 중시하여 조형적으로 이를 뒷받침한 것이며, 대부분 식물의 형태 요소가 부등변삼각형의 모양을 지니고 있어 시각적으로 자연스럽기 때문이다.

※ 부등변삼각형에서는 무게 중심점이 중요하다.

| 수형과 비례 |

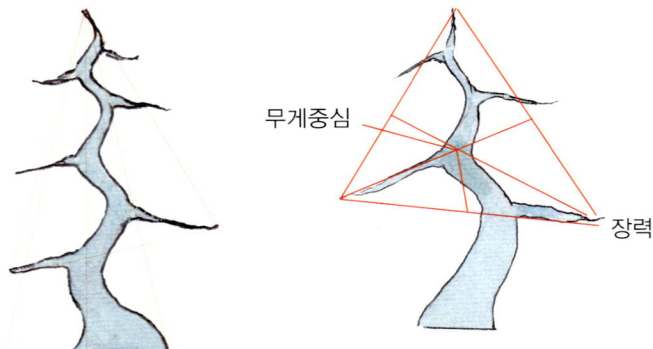

좌우3지 전후3찌
이상으로 작수한다.

가지가 2개이상 되어야 한다.

이러한 요소를 갖춤으로써 모양목은 분재의 형태 중에서 표준형이라 할 수 있고, 많은 분재가들의 선망의 대상이 되는 수형이며 대부분의 명품 분재도 모양목이다. 그러므로 모양목에 대한 연구와 많은 습작이 지속되어야 하며 모양목은 인체의 팔등신 미인을 보는 듯한 미의 아취로 음미 할 수 있는 수형이다.

분은 무각無角이 적합하며 송백류에는 토분의 도기, 화목류는 유약분이 적합하다.

| 표준 수형 |

※ 모양목은 분재의 표준 수형이면서 인위적으로 작형하여 이상화한 수형이므로 수종에 관계없이 많은 습작과 연구에 심신의 노력이 필요하다. 분재의 형태 구성에는 필수적인 선학적인 요소와 운동이 중요한 요소가 되므로 이 부분에 대한 예비지식과 운용에 많은 연구와 노력이 있어야 한다.

※ 모양목은 사리나 삭정이를 내면 안 된다. 부득이한 경우 밑등치의 1/5 정도에 사리를 허용한다.

※ 분재의 여덟 조건條件
　① 분의 넓이와 깊이 　② 뿌리의 퍼짐 　③ 주간의 모양 　④ 가지의 모양
　⑤ 가지의 퍼짐 　⑥ 수고 　⑦ 나무 폭(수관폭) 　⑧ 나무 형태

모양목 模樣木

작수의 비율은 아래와 같다.
나무의 높이 9를 8:5(피보나치 급수)로 기준을 삼았다.
수형 1지 위치는   9:3
가지 높이   9:6
나무 폭   9
분 폭   9:6

모양목은 분재수형의 기본 요소가 모두 포함된
수형으로 세심한 관찰과 깊이 있는 이해가 있어야 한다.
부등변 3각은 수형의 기본이다.

수형의 착시 현상 錯視現象

이 나무가 좋아 보이기는 하나
(1자를 자른다)

①의 나무

②의 나무

장력의 변화

※ 그림은 동일한 나무이다. ①의 나무는 수형이 정삼각을 하고 있다. 이러한 때 장력은 세 갈래로 고루 퍼지므로 수형이 정체상태가 되어 있다.
②의 그림은 ①의 나무의 1지가 주간이 쓰러진 곳에 있어 절지切枝를 하여 부등변이 되면서 장력은 동動적 느낌이 되면서 수형이 이론적 형태가 된다.

모양목형

면내의 3각에 대한 운용으로 부등변 3각에 있어서 밑변은 수형의 기본적 역할을 하므로 숙고의 연구 과제일 것이다.

나무 높이 127㎝는 황금비율 8:5로 기준한다.
나무 폭   107㎝
1지 높이   79㎝(127÷8×5=79.4㎝)
분 폭   67㎝(107÷8×5=66.9㎝)

그림의 ABCD는 이 나무의 면이다.
EFH의 3각과 EGH의 3각으로 그려졌다.
EFH중 F의 가지가 아주 심한 예각이기에 나무가 상승작용을 하고 있다.
EGH의 경우는 보편적인 부등변이다.
F와 G의 각 끝은 수형상 큰 변수가 된다.

제4절 사간 斜幹

　사간 수형은 경사지나 해안 계곡 등지에서 흔히 볼 수 있는 자연 수형으로 생장 과정에서 여러 가지 외압에 의해 비스듬히 한쪽으로 쓰러져서 자란 형태로 주간은 심리적으로 불안을 느끼게 하면서도 안정감을 찾아볼 수 있는 미묘한 멋이 사간의 특징이다. 직간을 정적이라 한다면 사간은 선의 활동이 정지된 형태가 아니라 난폭하고 동적 활동의 전개 중이라 하겠다.

　사간은 불안 중에서 안정을 추구해야 하는 것이기에 작수상 여러 가지 문제점이 따른다. 선학적으로 볼 때 수직선은 중심에서는 거의 무중력 상태이나 사간은 각도를 더해 가면서 중력을 가중시킨다. 이러한 물리 형상을 시각적으로 해결하기 위해서는 쓰러져 있는 주간을 바로 잡아 주어야 한다. 이는 균형이며 여기에서의 균형은 선의 방향, 가지의 장단, 뿌리의 인력 등이 사간에서 안정을 기할 수 있는 요점들이 된다. 사간에서의 균형은 곧 분재의 멋을 잘 표현시킬 수 있는 중요한 요인이다.

　사간의 전체 수형은 비스듬히 쓰러져 있으면서도 쓰러진 느낌을 주지 않고 직간이나 모양목을 보듯 평안한 분위기 속에서 관상할 수 있어야 한다. 또한 쓰러져 있는 자체가 일어서려는 동적 선감을 갖고 있을 때 비로소 사간의 진기함과 묘미를 음미할 수 있다.

 1 뿌리

　사간의 뿌리는 문인목과 같이 주간의 쓰러진 반대쪽에 굵은 뿌리가 반드시 노출되어 주간을 당기는 힘이 있어야 하며, 인력적인 효능으로 쓰러진 주간의 불안을 시각적으로는 안정감을 갖도록 유도해야 한다.

2 줄기

줄기는 수간의 사각이 입상부에서부터 20°~40° 쓰러져 있는 것이 가장 이상적이며 그 이하나 그 이상의 각은 무리가 따른다. 그러면서 주간의 곡은 전후좌우로 불규칙하게 자연 곡이 형성되며 20° 사각은 수고 1.5/8 정도에서 내곡을 주어야 하고, 40°의 사각이면 수고의 2/8 정도에 내곡이 있어야 한다.

그 이유는 모든 식물은 상승작용에 의해서 상승 생장하는 특징이 있기 때문인데 기울어지면 반드시 수심은 위로 향해서 자란다. 또한 선의 작용도 수직은 수직대로, 사선은 사선대로, 곡선은 곡대로 신장한다는 원칙에서 쓰러져 있는 사선을 그대로 두면 지속적인 불안을 가하게 된다. 그래서 일정한 점에서 방향곡으로 신장 방향을 바꾸어 줌으로써 불안을 해결하고 입상부에서 수심까지 자유로운 선감으로 동적인 선율이 흐르도록 해야 한다.

3 가지

사간의 가지는 모양목과는 반대로 불규칙적인 면이 많다. 사간은 줄기가 한쪽으로 기울어져 있기 때문에 가지의 배치에 있어서 묘미 있게 가지를 두는 특징을 갖는다. 사간의 가지는 장단의 조화와 공간의 처리를 주된 요소로 삼는다. 사간에서 기울어진 쪽에는 단지를 두고, 기울어진 반대쪽에 굵은 가지소枝로 1지를 두면서 장지로 형성한다. 적절한 공간과 단지도 두어 가면서 가지의 장단으로 조화를 이루어야 한결 사간의 멋을 다할 수 있다. 수관 역시 안쪽 방향이 긴 부등변이 되도록 해야 한다.

수종으로는 송백류와 잡목류, 화목류까지 다양하게 이용된다.

※ 분은 장방형이나 무각분이 격에 맞는다.

관찰 방법은?

1. 뿌리 상태는 좋은가?
2. 주간의 사각은 적당한가?
3. 줄기의 곡은 자유로운가?
4. 가지의 배치는 어떠한가?
5. 안정감은 있는가?
6. 수형상의 문제점은 없는가?   7. 분과의 조화는 잘 되었는가?

사간 斜幹

작수의 비율은 아래와 같다.
나무 높이   105cm
나무 폭   85cm
분 폭   53cm 8:5 = (85÷8×5 = 53.125cm)

※ 선은 다각적인 운동을 한다.

내방內方운동과 외방外方운동, 신장伸長운동, 반복反復운동 등
여러가지 운동 방향이 있으며, 가지는 외방운동곡에만 있어야 한다.
사각斜角에는 장력지張力枝가 꼭 있어야 한다.

사간 斜幹

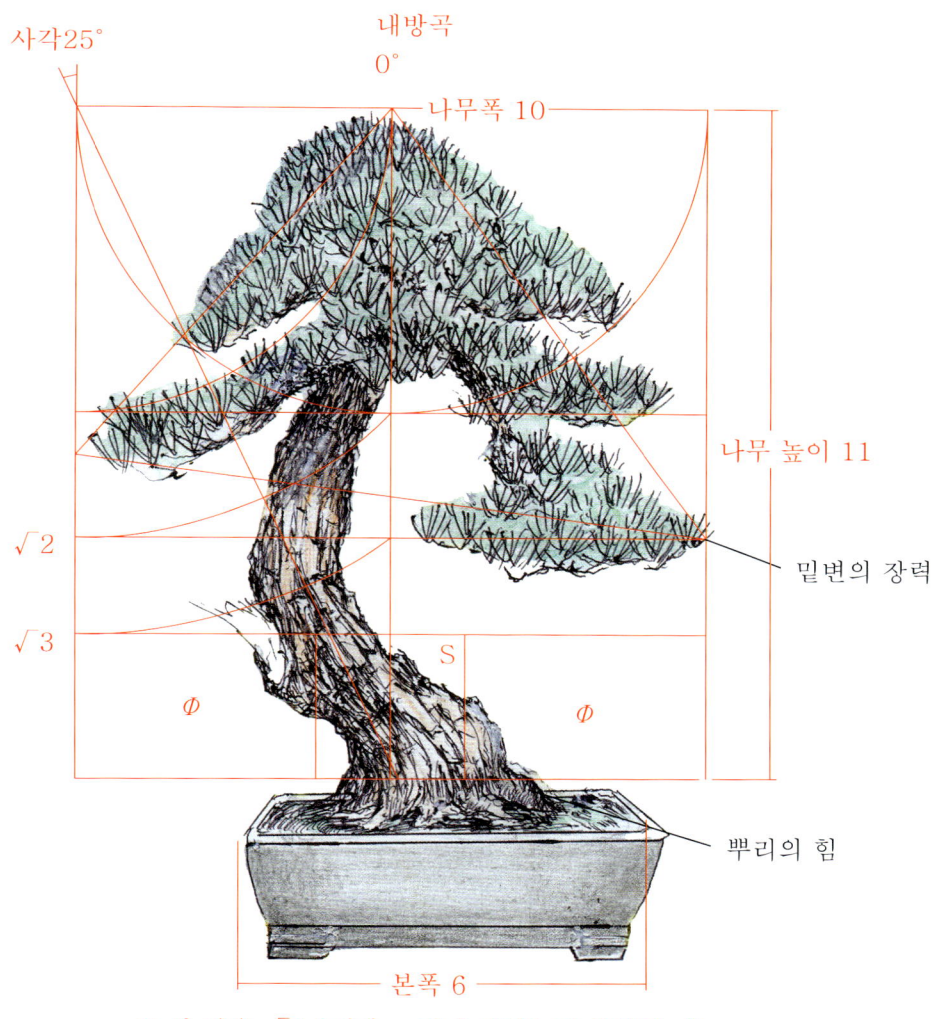

※ 이 면은 √3 2개와 π 면 2, S면 1 로 분할한 예

※ 적당한 사각

사각의 경우 앞에서 언급한 바와 같이 주간이 쓰러져 있는 형태에 안정감을 주려면 어떠한 물체라 할지라도 물리적인 해결책이 있어야 한다. 그렇다면 선학적인 요소와 물리적 역학 관계가 아니면 해결 방법이 없다. 사간은 필히, "다음 요령을 응용한다."
① 주간이 쓰러진 쪽에(도형과 같이) 긴 가지로 하여 장력을 응용하고, 뿌리 또한 쓰러진 반대쪽은 노출 뿌리로 하여 인력으로 잡아당기는 힘이 보여야 한다.
② 주간은 적당한 사각을 유지하다가(도형 참조) 적절한 분할점에서 내방곡을 주어야만 선학적으로 안정된 형태가 되는 법이다.

사간 斜幹

※ 부등변 3각의 구도상 힘의 역할

아래 그림은 A를 기점으로 B, C의 2가지로 그렸다.
A, C의 장력이 쓰러진 쪽으로 흐르니 더욱 쓰러져 보인다.
A, B는 밑변이 A쪽 기점으로 장력이 흐르니 나무는
쓰러진 불안감이 없어지고 정상적으로 보인다.

그림 (1)

그림 (2)

그림 (2)는 주간이 이미 쓰러져 있는 데다 ABC의 3각이 가중력을 해주고 있다. D 방향곡을 안쪽으로 하여 신장력으로 인력을 주고 있으나, E의 응력으로 D의 부족한 힘에 도움이 안 되고 있다. 이러한 경우를 역부등변이라 한다.

참고參考 사간斜幹의 분할 분석 예

분재예술을 위한 분재수형의 분할(S형의 면)과 분석의 시범 예

    작수作樹의 비율은 아래와 같다(실물 높이 1m)
    나무의 높이 1m를 황금비 1.618로 기준을 삼았다.
    분재의 높이와 폭　92Cm x 92Cm
    대 Φ분할　57 x 1.618 = 92.226
    소 Φ분할　35 x 1.618 = 56.630
      S분할　35 x 35

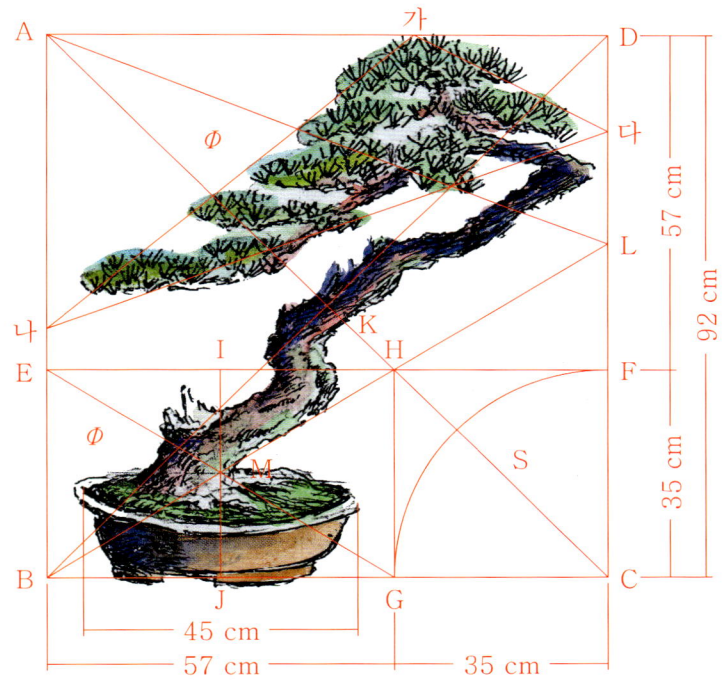

도형 설명 : 이 나무의 가, 나, 다는 둔각 부등변 3각형이다.
          그림 A, B, C, D는 이 나무의 기본 면(面)이다.
          AE, FD는 57x1618=92.226=Φ가 되고, F에서 G로 원호를
          그리면 35의 S면과 BE, GH의 작은 Φ 장방형이 되며, ABCD의
          면은 큰 Φ 1과 작은 Φ 1, S면의 정방형으로 분할되었다.

대한 분석평 : 위의 그림은 S형(정방형) B에서 D로 대각선을 긋고 또다시
           C에서 A로 대각선을 그리면 K의 교점交点이 되며 주간은 BD의
           사선을 따라 오르며, 가지는 E와 D선을 따라서 시원스럽게
           흐름을 따르고 있다. IJ의 수직선은 GE와 BH의 교점 M의
           극점極点을 지나며 분盆의 무게 중심으로 수평을 잡아주고 S면은
           공간의 역할을 충만하게 하고 있어 안정감을 더해주고 있다.
           수심은 가와 G의 분할 선상에 작수되어 있다.

사간 斜幹

작수의 비율은 아래와 같다.
나무의 높이 90cm를 황금비 8:5=8로 기준한다.
나무 높이   90cm
나무 폭   80cm
1지 높이   56cm 8:5=(90÷8×5=56.25cm)
분 폭   50cm 8:5=(80÷8×5=50cm)

이 나무는 실사實寫한 것으로 수형을 구상할 때 주간의 곡과 가지의 뻗음의 배치 또는 장단長短의 비례, 형태의 균형 등을 고려하여 가지의 수는 통상 전후좌우 7~9가지를 기준함이 적합하다.

제5절 문인목 文人木

문인목이라 하면 야산 마루나 시골 마을 입구에 마을의 수호신처럼 후리후리한 모습으로 외로이 홀로 서 있는 풍자스럽고 경쾌하고 서정적인 선비격 기풍을 잘 표현하고 있는 수형이다. 줄기의 흐름이 자유롭고 부드럽게 곡선의 미를 이루고 흠이 적으며 주간은 수심을 잡아당기면 활처럼 휘어질 정도로 굵지 않고 시원스러운 형태의 수형으로 문인목이라 칭한 이유는 동양화의 남종화(당시대)법에서 딴 것이다.(문인화)

 줄기

일반적으로 문인목은 주간을 사간형으로 구성하는 것이 평안한 수격(樹格)이며 주간의 곡선은 굴절이 없고 자연스럽고 유연한 흐름으로 된 곡선이 이상적이며 주간의 사각은 수직에서 15°에서 20° 이내가 무난한 수각의 기울기이다. 수각의 기울기가 30°나 40°가 되면 불안한 수형이 되기 쉽다. 수심은 반드시 쓰러진 반대쪽으로 방향곡이 있어야 하고 수관도 너무 과중하지 않아야 한다.

 **가지**

가지는 수고의 3/4에 1지를 두고 2지는 후지로, 3지는 측지(側枝)로 하며 전체의 가지는 5지 정도가 적당한데 그 이상의 수가 되면 줄기에 대한 과중한 비가 중량감을 주어 불안감을 초래한다. 가지는 장력을 응용하는 방법으로 쓰러지려는 불안감을 선의 신장력으로 바

로 잡는 힘을 갖게 하여 시각의 안정을 기하며 가지의 각은 둔각에 두는 것을 원칙으로 하며 수종에 따라 예각도 이용된다.

 3 낙지落枝

문인목에서 낙지 수형을 구성할 때에는 편근보다 팔방근에 의해서 구성함이 바람직하다. 낙지는 줄기의 쓰러진 쪽에 두는 것이기에 입상부에서부터 자세를 잡아주어야 하기 때문이다. 그러기 위해서는 뿌리가 사방으로 뻗어 있어야 나무의 안정을 기할 수 있다. 입상부가 쓰러진 반대쪽에 사간의 일곡이 반드시 있고 그 위로 자연곡의 주간이 이루어져야 쓰러진 전체와 낙지落枝의 중량을 받쳐주는 힘이 생겨서 불안 속에서 안정을 기할 수 있다. 특히, 낙지 수형은 사각에 대한 균형적 효능을 충분히 고려해야 한다.

 4 뿌리

문인목에서 뿌리의 작용은 전체 수형에서 중요한 비중을 갖는다. 문인목의 뿌리는 팔방성八方性도 좋으나 편근이 자연스러운 맛이 있다. 뿌리가 줄기가 쓰러진 반대쪽에 줄기를 잡아당기듯이 뻗어 있어야 쓰러지려는 불안을 인력의 효능으로 상쇄시켜 시각적인 안정을 기하는 요인이 된다.

팔방근의 경우에는 입상부가 수직으로 되기 쉬우므로 일방을 토표土表만으로 심는 방법으로 하는 것이 타당하며, 전후근前後根은 세근으로 노출하게 하여 뿌리의 분할을 충분히 해야 한다.

문인목 수형의 전체 형태는 가벼운 느낌을 주므로 가지의 무성함보다는 단조로우면서도 조화롭고 균형적이며 곡선미와 세련미가 넘쳐흐르도록 하여야 한다.

분은 원분이 적합하며 수종으로는 해송, 육송, 두송, 주목 등이 적합하다.

# 관찰 방법은?

1. 주간과 수심, 수관의 비례는 어떠한가?
2. 주간의 곡은 자유로운가?
3. 배지는 잘 되었는가?
4. 수피는 고태로운가?
5. 안정감은 있는가?
6. 시원스러운 감을 주는가?

[문인목 수형]

※ 분재의 형태에서 가장 중요하게 보이는 것이 주간의 사각이다. 그러므로 각 수형마다 적정 각도가 있다. 각 수형에 대해서 보이는 시각에 보편성을 가진 표준각의 표시이다.

문인목의 기준

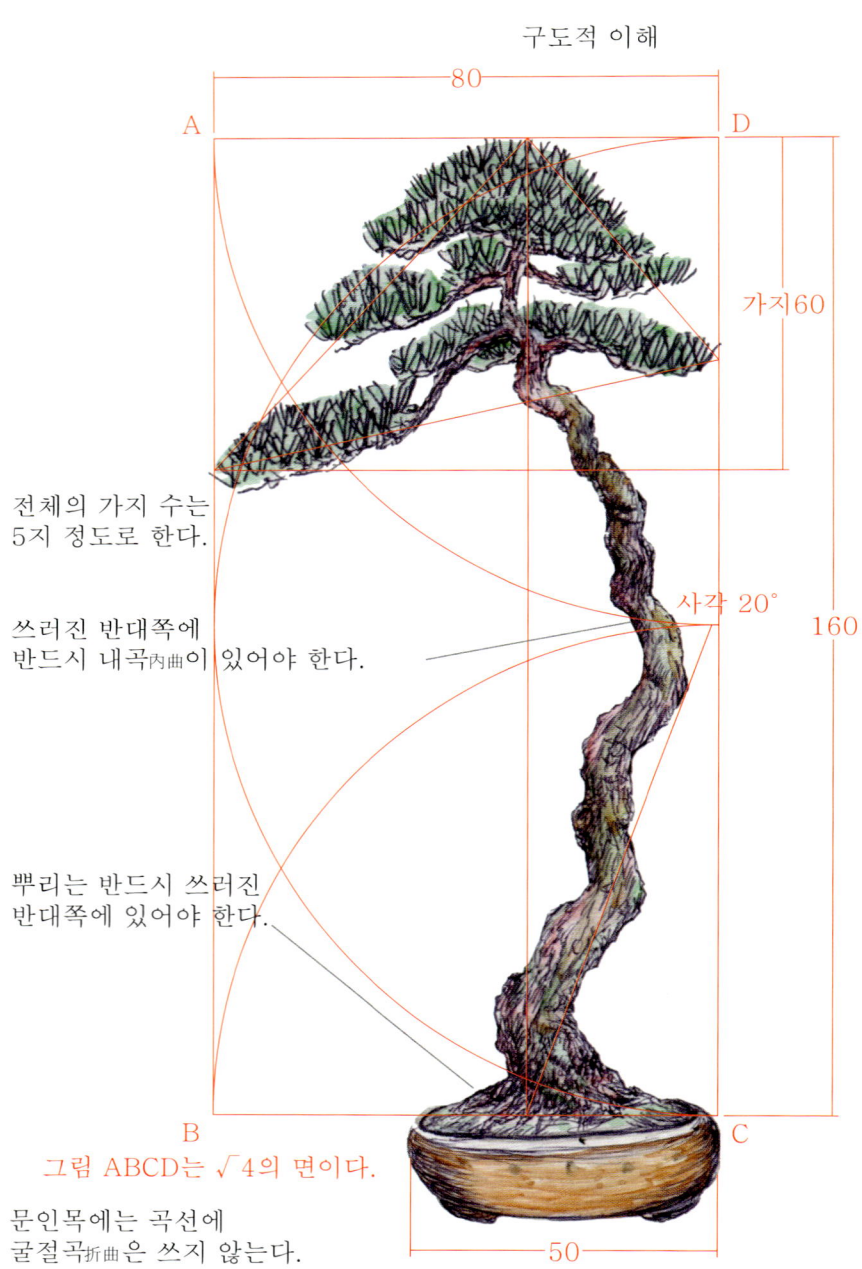

구도적 이해

그림 ABCD는 √4의 면이다.

문인목에는 곡선에 굴절곡(折曲)은 쓰지 않는다.

※ ① 문인목은 원분에다 심는다.
　② 원분에 식재할 때는 필히 원의 중심초점에 심는다.

문인목 文人木

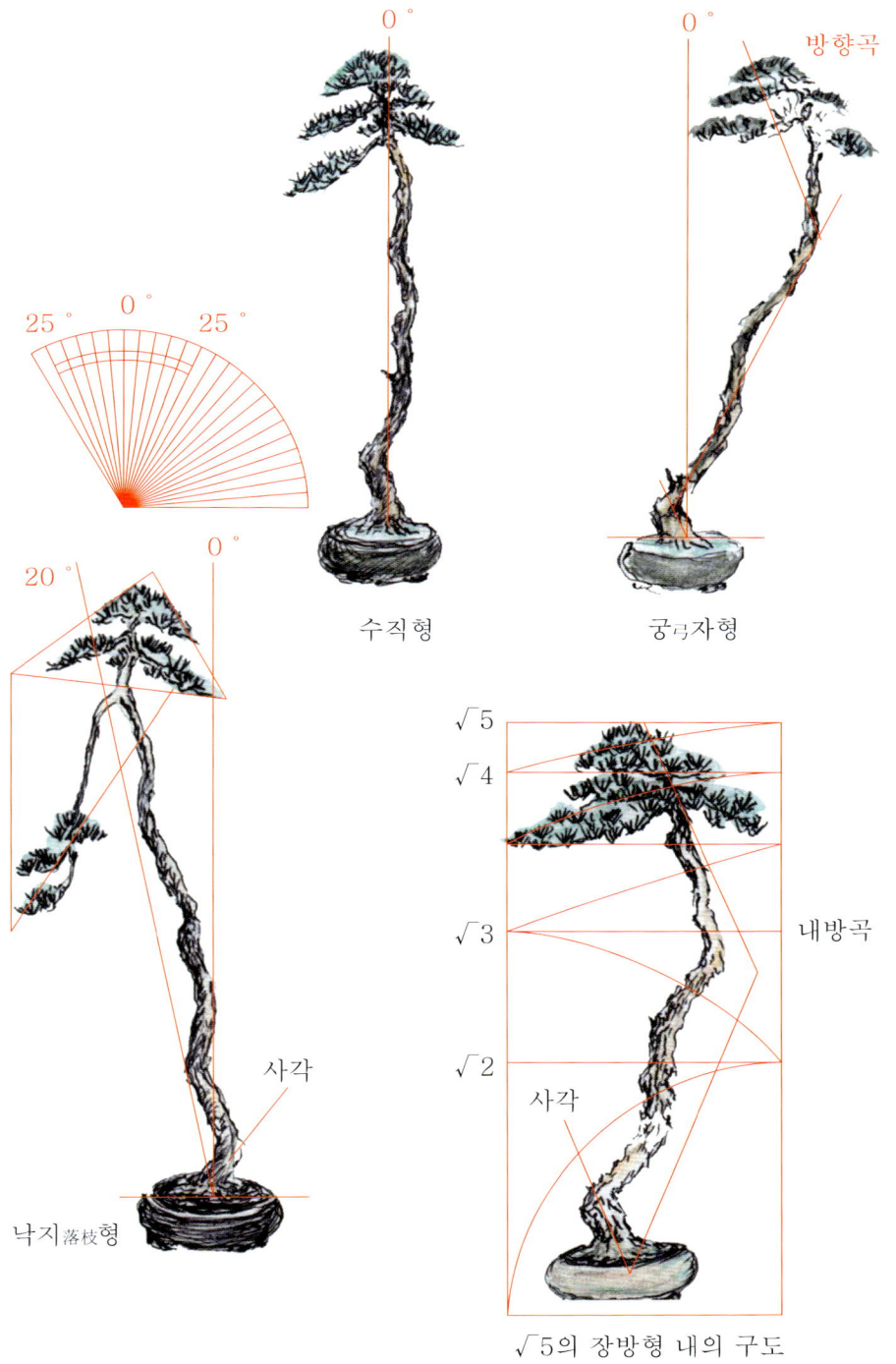

수직형

궁(弓)자형

낙지落枝형

√5의 장방형 내의 구도

문인목 文人木

절곡형은
꺾임이 확실하게
보이도록 작업한다.

절곡형

수직형

문인목은 각분을 쓰지 않는다.
반드시 원분을 써야 한다.
주간은 수직선과 위의
S자곡으로 작업한다.

제6절 반간 蟠幹

　반간의 반蟠자는 서릴 반자로 나무가 서리고 있는 듯이 키는 작고 입상부가 불규칙하게 전후좌우로 굴곡을 이루고 요철이 심하다. 가지 역시 입상부와 같이 단지短枝로서 마치 천년노목으로 고산이나 척박한 토양에서 자라는 수목이 강풍이나 강설우에 의해서 고심苦芯 당했거나, 전답이나 야산에서 농부들의 낫에 의해 초두부梢頭部가 억제당해서 된 것이다. 자연 환경에서 만고의 시련에 시달린 고난의 흔적이 역력하여 고태감을 충만시키며, 보는 이로 하여금 생의 존엄함에 더욱 강인한 감명을 받을 수 있는 기형적인 형태로서 수성樹性 으로서는 황피성荒皮性이나 파간성波幹性이 좋은 명목이 될 수 있다.

　반간은 주간이 입상부에서부터 중량감이 있어야 한다. 주간에 너무 많은 가지를 두어 줄기가 보이지 않게 하여서는 안 되며, 반간 특유의 자태를 충분히 관상할 수 있도록 배지에 많은 연구가 필요하다.

　반간의 소재는 주로 잡목에 많으며, 실생목實生木은 거의 없이 야생에서 얻어지는 경우가 많다. 때로 특수한 기법에 의해서 소재가 생산되나 인위적인 생산은 극소하다.

　형태적 측면에서 전체의 균형 즉, 역학적 요소가 충분하게 반영되어서 시각적인 불안감이 없도록 비의 조화를 충분히 고려하여야 한다.

　식재는 중량감이 있는 무각의 장방형 분이 이상적이다.

 관찰 방법은?

1. 고태미는 충만한가?
2. 가지는 짧으면서 격차는 있는가?
3. 수피의 감은 좋은가?
4. 엽성은 작으면서 충실한가?
5. 수관은 잘 형성되었는가?
6. 분과의 조화는 잘 되었는가?
7. 운율적 흐름은 좋은가?

반간 蟠幹

작수의 비율은 아래와 같다.
나무 높이 84cm를 황금비 8:5의 8로 기준한다
나무 폭   97cm
가지 높이 32cm 8:3=(84÷8×3=31.5cm)
분 폭   61cm 8:5=(97÷8×5=60.625cm)

※ 반간 작수요령
반간은 원래 서릴 반자의 수형이다. 그러므로 입상부에 가지를 두면 착시현상으로 반간의 우람한 자태가 없어지고 입상부가 가늘게 보인다. 되도록 입상부를 많이 노출 작수한다. 수관의 폭은 나무 폭의 2/3 정도가 되도록 한다.

반간 蟠幹

작수의 비율은 아래와 같다.
나무 높이 80cm를 황금비 8:5의 8로 기준한다
나무 폭   100cm
가지 높이   30cm 8:3(80÷8×3=30cm)
분 폭   63cm 8:5(100÷8×5=62.5cm)

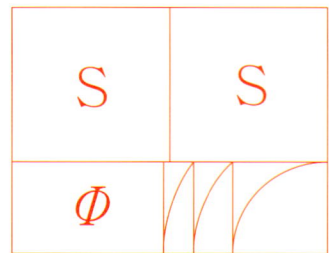

1/2 축도분할 S×2, √3×1, Φ×1

반간은 우람한 입상부의 중압감이 풍부하고 가지 역시 풍성한 잔가지와 엽량 葉量으로 작수함이 반간이 가진 특수 요소가 된다.

반간 蟠幹

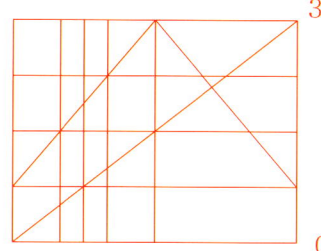

작수의 비율은 아래와 같다.
나무의 높이는 73cm 폭은 90cm 분폭 56cm

F형 (피귀르)
대각선 39°
황금비 1.236:1
등분할

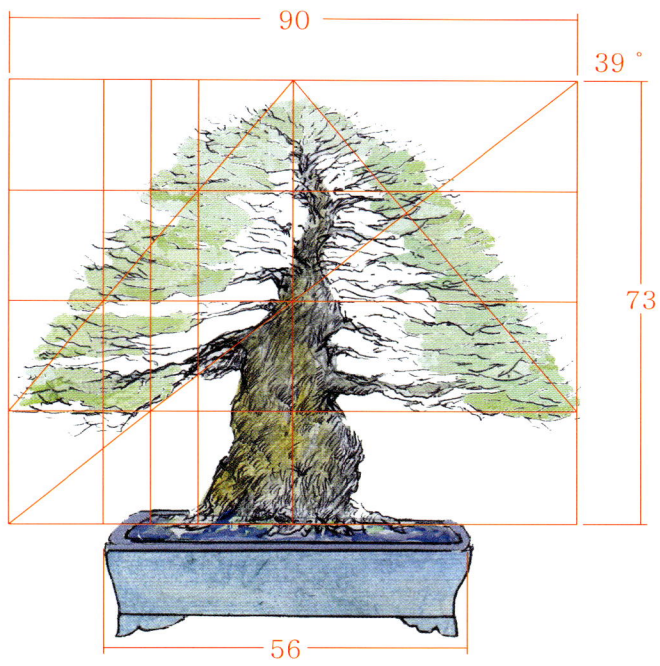

※ 작수요령

1. 입상부에 중압감이 있어야 하고
2. 주간은 불규칙하게 전후좌우로 굴곡이 있어야 한다.
3. 반간의 가지는 짧으면서 격차가 있어야 하고
4. 키는 작고 수관은 수폭의 2/3 정도로 잘 형성되어야 한다.
5. 지하고 枝下高 를 높이 하여 거대한 형태로 노출하며
   입상부에는 가지를 두지 않는다.
6. 입상부에 가지를 두면 착시현상으로 인해서
   나무가 작아 보인다.

반 간 蟠幹

작수의 비율은 아래와 같다.
나무 높이 71㎝를 황금비 8:5의 8로 기준한다
나무 폭　　　88㎝
첫 가지높이　27㎝ 8:3(71÷8×3=26.6㎝)
분 폭　　　　55㎝ 8:5(88÷8×5=55㎝)

이 면은 Ø장방형으로 분할

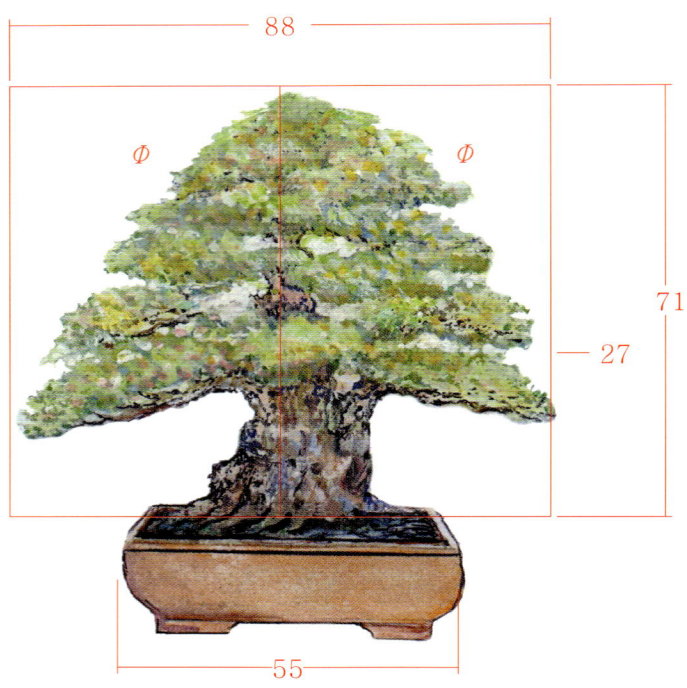

※ 작수 요령
　키는 작고 수관이 잘 형성되어야 한다.
　가지는 짧으면서 격차가 있어야 한다.
　주간은 불규칙하게 전후좌우로 굴곡이 있어야 한다.
　입상부에 중압감이 있어야 한다.
　분은 중후한 감이 있는 장방형을 쓴다.

제7절

현애 懸崖

현애는 달린 현懸에 낭떠러지 애崖라는 글자를 사용하여 절벽이나 낭떠러지에 매달려 있다는 의미를 갖는다. 해안이나 심산계곡의 명산 절벽에서 자생하며 생사의 기로에서 끈질기게 생명을 유지하며 살아가고 있는 진기한 자연수형으로 소나무가 늘어져 있는 모습은 천하일품의 수격이며, 표현하기조차 어려울 정도의 멋으로 이는 곧 자연의 조화요, 자연의 선물이다.

단풍나무나 잡목류가 아슬아슬한 벼랑에 매달려 가을 햇볕 아래 오색 저고리를 입고 바람결에 흔들리고 있는 풍치는 춤을 추는 무희와도 같아 보는 이의 발걸음을 멈추게 하며 심금을 울리는 그 풍자스러움은 시화를 보는 듯한 경관을 연출한다. 이러한 현애의 진가에 매료되어 현애 수형이 탄생되었음을 짐작할 수 있다.

 수형

현애는 불균형 수형이라 하여 이를 균형 있게 보이게 하는 것이 중요한 요 점이다. 현애의 수형은 수심이 있는 현애, 수심이 없는 현애, 근상根上으로 된 현애, 반현애의 네 가지로 구분할 수 있다.

1) 수심이 있는 현애

현애는 뿌리가 잘 발달되어서 지표를 힘차게 잡아당기듯이 토출되어야 안정감이 생기고 입상부가 강하여 힘차게 뿌리 부위부터 주지의 곡이 곧바로 하향을 이루거나 1지도 수심으로 이용한다. 심의 가지는 축을 이루고 주지는 전후 좌우로 좌우곡과 파장곡이 있어야 곡선미가 생기며, 주지는 내지(하지)가 있어서는 안 된다. 좌우지나 입지로서 층계형이 되도록 하면 묘미가 있고 변화적이다. 단, 일반 수형에서는 파장곡을 쓰지 않는다.

2) 수심이 없는 현애

현애라 해서 수심이 꼭 있어야 되는 것은 아니다. 경우에 따라 즉, 소재에 따라 수심이 없는 현애도 작수된다. 수심이 없는 현애는 줄기의 형태미가 있어야 한다. 다시 말해 문인목이 휘어져 있다고 보면 될 것이다.

줄기의 생김이 고태롭고 휘어진 선이 강인한 감과 기묘한 인상 그리고 자유로운 곡선의 흐름 등이 줄기에 넘쳐흘러야 한다. 외줄기 현애이므로 거의가 나목 상태이고 가지나 잎이 너무 많으면 하중적으로 부담을 느끼게 되므로 유의한다. 또한, 줄기가 너무 무미하면 사리나 신을 응용해서 고태감 있는 연출도 가능한다. 식재시 줄기가 분에 닿지 않도록 한다.

3) 근상형 현애

근상형 현애는 매우 까다로운 점이 있다. 근상은 뿌리가 위로 올라갔다가 줄기는 하향하므로 특히 중요하게 처리해야 할 점은 뿌리 솟음과 줄기의 하방향의 비율이다. 이 비율이 적당히 안배되지 않으면 이상한 형태가 된다.

4) 반현애

반현애는 현애의 수형과 비슷하나 하방향의 줄기가 다르다. 반현애는 분 역시 반현애 분이라 줄기가 분의 하단 이하로 내려가서는 안 된다. 수심은 짧고 일지는 길게 하여 둔각에 두며 장부등변형으로 조형하는 것이 일반적이다. 2:5~5:8의 수장이 적당하다.

※ 줄기의 각도에 유의한다.

수종으로는 송백류가 일품이고 화목류나 잡목류 등에도 널리 이용된다. 분은 사각분으로 하방분이 통상적이며 수형에 따라 반하방분이나 낮은 원분도 사용된다. 분은 특히 색채감이나 중량감이 있어야 시각적으로 균형 있고 안정되게 보인다. 가벼운 색감의 분을 사용하면 안정감이 없어 불안해 보인다.

※ 현애는 사각에서 많은 변화를 갖는다.

현애 懸崖

작수의 비율은 아래와 같다.
나무 높이 89cm를 황금비 8:5의 8로 기준한다.
나무 폭   110cm

나무 폭 110cm÷2×1.618=89cm의 ∅면 두개로 분할한다

현애형을 작수할 때는 분과 소재의 형태가 대조적이며
안정성 있게 배분하여 통일성이 있는 자유로운 구도가
이루어지도록 구성한다.

※ 여기서의 배분이란 전체면을 ∅로 이분하고 두 면을 대칭시켜
경감의 차가 서로 대조적인가 아닌가를 보는 식별을 말함.

현애 懸崖

※ 현애형을 작수할 때 수형상 곡을 주되 필히 파장곡波長曲
을 쓰도록 한다.
모든 현애에서 좌우곡만 주면 앞이나 뒤에서 볼 때
일자로만 보이게 되어서 곡선의 구성요건에도 맞지 않는다.
반드시 전후좌우로 불규칙곡이 있도록 한다.

파장곡(波長曲)

현애의 착시현상 錯視現象

※ 나무를 분에 식재할 때 화분의 선택이 얼마나 중요한지를 모든 작품에서 살펴본다.
①과 ②는 같은 나무이나 어떠한 분에 식재하느냐에 따라 착시현상이 나타난다.

※ 분재작수에 있어 길고, 짧고, 굵고, 가늠이 분명해야 좋은 수형이 되므로 생각해 본다.

①의 그림

②의 그림

①의 나무는 분도 길고 줄기도 길어 같은 길이가 2개이므로 장단 長短 의 비례적 안배가 안된다.

②의 나무는 ①과 같은 나무인데 장단의 길이가 분명하므로 현애형의 기본 이론이 성립된다.

현애 懸崖

√2 장방형의 구도

현애의 작수시에만 파장곡을 응용한다.

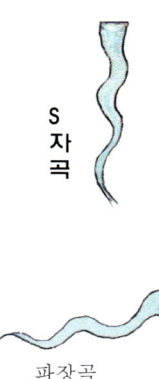

S자곡

파장곡

반현애 半懸崖

√2 장방형 내의 구도

반현애

현애작에서 파장곡을 쓰지 않으면 사선이 직선화하여 변화성에 문제가 있다.

꼭지 없는 현애

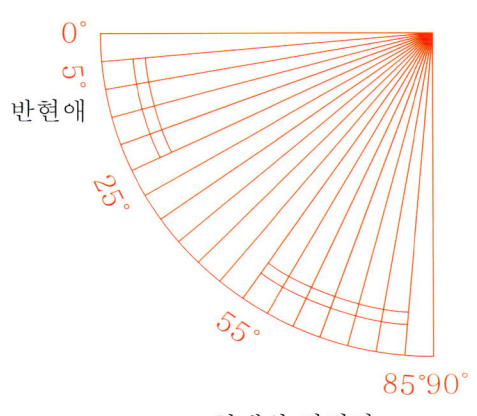

현애의 적정각

제8절 취류 吹流

취류란 불 취吹와 흐를 류流자의 합성어로 된 표현으로 주로 산정이나 해변 등지에서 자라 거센 바람에 이기지 못하여 생긴 형태로 '바람나무'라고도 불린다. 수간이 바람 부는 반대 방향으로 기울어져 있거나 또는 입상부가 어떤 외압에 의해서 한쪽 방향으로 기울어져 정상적인 생육을 하지 못하고 모든 가지도 바람 부는 반대쪽으로 향하거나 굽어 자란 기형적인 형태로 줄기의 유동적인 선의 흐름은 난폭하면서도 경쾌감을 주는 기묘한 수형이다.

1 형태

취류의 형태는 입상부에서부터 기울어져 입목으로서 균형이 완전히 깨진 형으로 주간은 반드시 어느 한쪽으로 심하게 기울어져 있으면서 가지는 기울어진 쪽이나 기울어진 반대쪽 일방에서만 겨우 살아가고 있는 형이므로 이를 균형 있고 안정감이 있도록 하기는 무척 어렵다. 그러므로 이를 불안정 속에서 안정된 시각으로 관상할 수 있도록 하기 위해서는 적절한 구성법에 의해서 창작해야만 안착된 수형을 기대할 수 있다. 여기에 취류 수형의 묘미가 있고 관상의 가치가 있다.

2 줄기

줄기는 통상 사각이 30°에서 50° 정도 기울어져 있으면서 가지는 편지片枝되어 기울어진 쪽에 두는 경우와 기울어진 반대쪽에 두는 경우가 있다. 특히, 취류형은 방향과 각도가 중요한 요점이다.

 **뿌리**

뿌리는 기울어진 반대쪽에서 굵은 뿌리가 힘차게 끌어당기는 인력이 있어야 되고 노출이 잘 될수록 힘차게 보인다. 만약 굵은 뿌리가 없을 때에는 반력反力을 잘 응용해야 한다.

 **가지**

가지는 예각이나 둔각은 금물이다. 반드시 수평각으로 구성해야 바람이 부는 시각적 효능이 생기며 지선枝線의 장력으로 더 한층 멋을 느낄 수 있으며 신이나 사리도 적절히 응용한다.

| **취류 수형** |

※ 취류형의 경우 수간에서는 심한 사각을 이루고 있어 안정감을 구하기 어렵기에 분의 중후감과 뿌리의 역할이 중요한 작용을 하게 되고 식재 시 위치 설정은 물리적 감각에서 이루어져야 한다.

취류형 吹流形

취류의 수형에는 단목형과 쌍간형, 삼간형이 있고, 주립형, 합식형, 분경형 등이 있다.

<취류 수형>

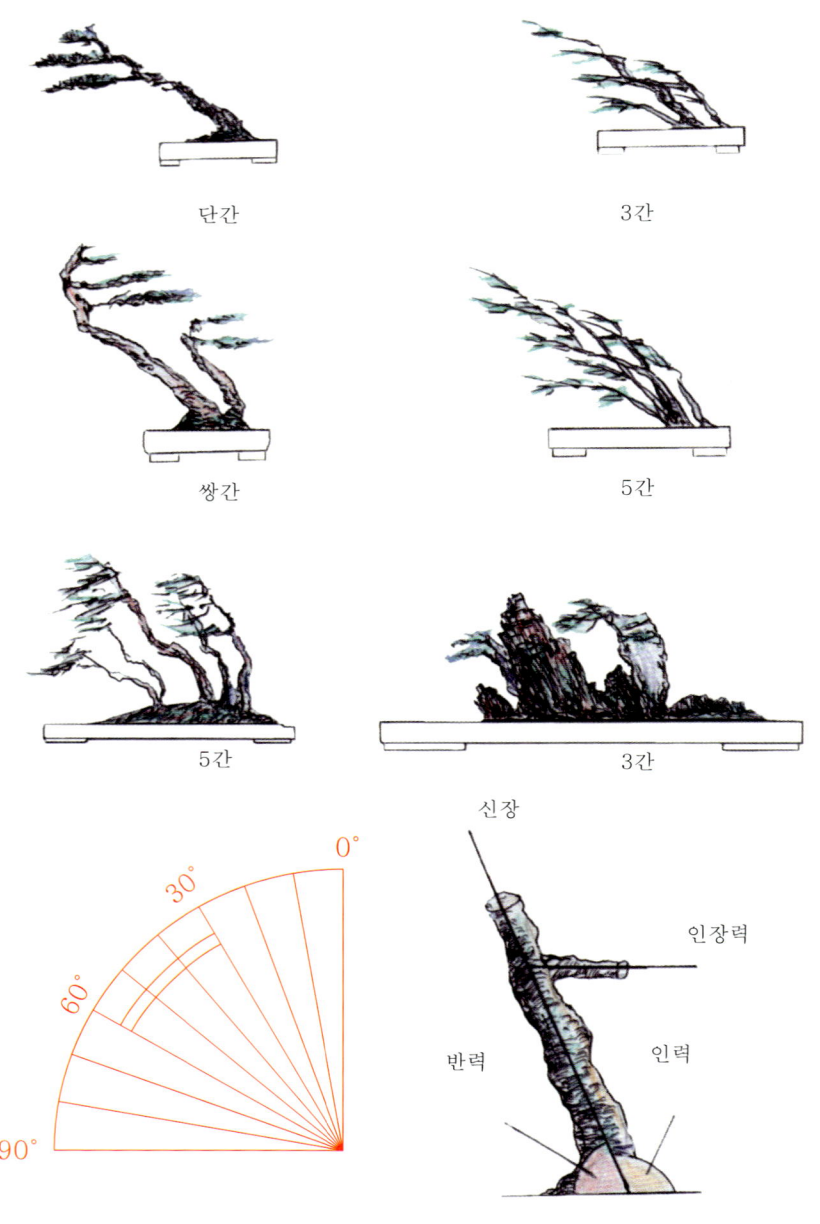

단간

3간

쌍간

5간

5간

3간

신장

인장력

반력

인력

제9절

주립 株立

주립은 일반적으로 관목성灌木性 수목에서 흔히 볼 수 있는데 한 그루의 뿌리에서 여러 개의 줄기가 섭생하여 한 무리의 숲을 연상하게 하며, 줄기의 굵기가 서로 다르고 수고의 차이도 분명하여 홀수로 줄기가 이루어진 것이 주립 수형이다.

주립은 중심이 되는 줄기를 정점으로 하여 다른 줄기의 높이와 굵기 그리고 앞과 뒤의 조화가 잘 이루도록 해서 원근이 성립되고 전체의 형태는 부등변삼각형이 되도록 해야 한다. 줄기의 모양은 직간처럼 곧은 줄기로만 이루는 것과 곡간형으로만 이루는 것이 있고 가지도 예각과 둔각으로 작수하는 경우가 있는데 수종과 기호에 따라 작형할 수 있다.

소재를 얻는 방법으로는 맹아력이 강한 수종을 선택하여 3월경에 입상부에서 바로 전정한 다음 유합제癒合劑를 발라 주고 2년 정도 육묘하거나 윤생지를 취목하면 빠른 시일 내에 원하는 좋은 소재를 얻을 수 있다. 다른 방법은 2년생 묘목의 뿌리 바로 위를 결속해 두면 점차 입상부의 하단이 유합되어 주립이 될 수 있다.

주립에 적당한 수종에는 해송, 오엽송, 느릅나무, 소사나무, 해당화, 낙상홍, 명자나무, 화백, 단풍나무, 삼나무 등이 있다.

| 주립의 수형 |

※ 주립이나 연근, 합식의 경우 구도적 감각에 의해서 형태를 구성하게 되나 유의할 점은 직간이든 곡간이든 먼저 주간의 위치를 가능한 한 비례법을 기준으로 하여 주간을 기점으로 하고, 각 첩목을 배치하면 전체에 통일성 있는 질서가 유지되며 구도로서 합당한 미적 형상이 되어 시각을 흥분시킨다.

주립 株立

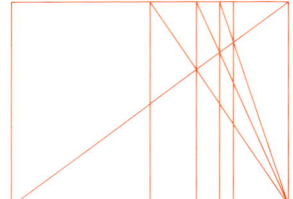

대각 등분할 도법

나무의 작수비는 아래와 같다.
나무 높이   90cm
나무 폭   120cm
분 폭   75cm

3등분할

|— 75 —|

주립형을 작수할 때는 5간, 7간, 9간 다음은 무수로 한다.
짝으로 2:3 3:4 4:5 또는 3:2 4:3 5:4 등으로 작수하며
직간과 곡간을 방사형으로 분명히 구분되도록 작수한다.

※ 주립작이나 합식작에는 원분이나 타원분은 쓰지 않는다.

주립 株立

이 도형은 S형 10:10이다.
S면을 분할하면 대각선과 큰 반원에서
큰 √2면 1과 작은 √2면 1, S형 2로
구도적으로 분할한 것이다.

※ 명자나무는 포기로 가꾸기가 용이하다.

주립 株立

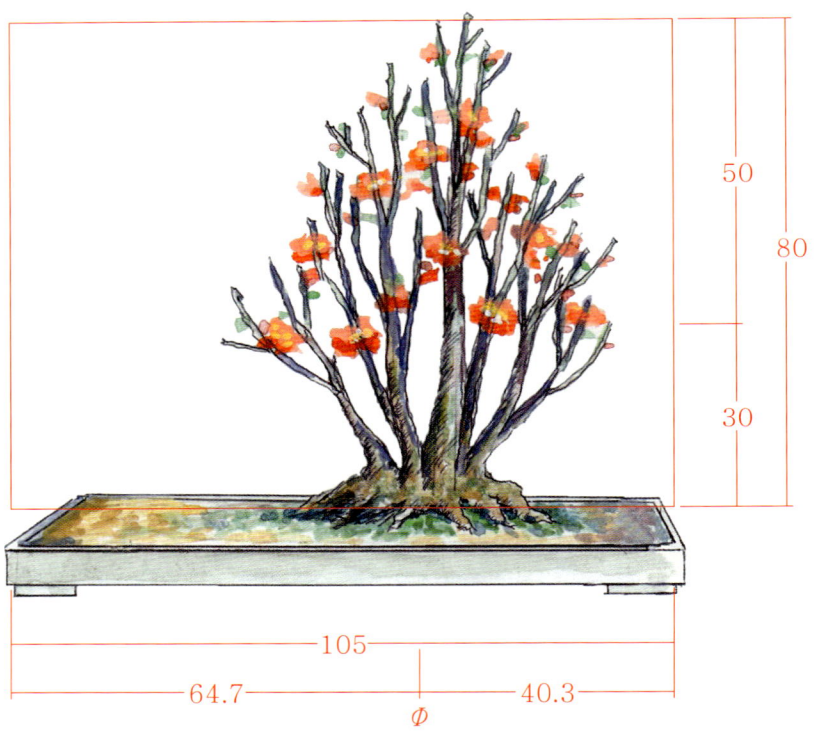

※ 명자나무의 습성은 일절1지 一切一枝 가 되어서
　가지 받기는 어렵고 뿌리에서 새순이 잘 나오므로
　주립작이 용이하다. 꽃은 묵은 줄기에서 개화한다.

제10절 연근 蓮根

 연근이 자연 상태에서 생기는 한 요인 중에는 씨앗이 한 곳에 떨어져서 발아된 채 오랜 세월 동안 자라면서 토양의 악조건에 의해서 한 무리로 뿌리가 가닥가닥 붙어 한 그루의 독립된 숲을 연상하게 하는 형태의 것과 야생에서 볼 수 있는 것으로 심한 폭설이나 어떤 외압에 의해서 주간이나 가지가 지표에 쓰러진 채 낙엽이나 흙이 쌓여서 원래의 모습으로 돌아가지 못하고 흙에 묻힌 채로 발근이 되고 쓰러진 줄기에서 발아되어 가지가 자란 것으로 휘묻이를 한 것과 같은 형태로 된 것이 연근이다. 주립과 다른 점은 한곳에서 다발로 뭉쳐서 자란 것이 아니라 어느 정도 간격을 두고 입상 생육한 형태이다.

 인위적인 소재의 작법으로서는 엽성이 작고 맹아력이 강한 수종을 선택하여 약 10cm 이하의 줄기나 가지를 3월경에 지표에 쓰러뜨린 다음 수심은 세우고 중간 중간에 U자 핀을 꽂아주고 1년간 배양한 다음, 다음해 3~4월경에 절리하여 분올림을 하고 홀수가 되도록 전정해서 원하는 수형으로 잡아가면 좋은 소재가 된다. 이때 누운 뿌리가 일자형이 되지 않도록 철사로 좌우 곡을 넣어 주는 것이 바람직하다.

 알맞은 수종으로는 두송, 오엽송, 진백, 느릅나무, 소사나무, 화살나무 등이 있다.

연근 連根

95 55
150cm

O

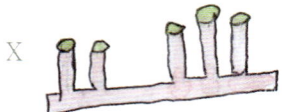
X

연근을 작수할 때는 5그루 이상으로 하여 2:3이나 3:2본으로 해야 한다. 밑에 대목은 일자형이 안 되도록 곡을 주되 좌우곡과 파장곡을 변용한다.

제11절 합식 合植

합식은 섬의 숲이나 들판의 나지막한 동산을 연상하게 하는 자연 풍경을 축소한 독립된 하나의 축경縮景으로 합식, 기식寄植 또는 모아심기라고 한다.

합식의 형태는 자연의 순리대로 식생이 잘 조화되어 보는 사람에게 심금을 더해주며, 합리적인 미의 척도를 함축하고 있다. 해변의 환경에 영향을 받은 형태로서는 풍향수風向樹 즉 바람나무형으로 사간형을 이루고, 평야지에서의 형태로는 중심부가 직립하고 중심을 기점으로 하여 전후좌우로 구도적인 방사형을 이루고 그 방향이 잘 잡혀 있으며, 수목의 초두부 및 지표의 고저차 등 율동적인 선의 흐름과 공간의 여백, 아름다운 색상 등 다른 수형에서는 느낄 수 없는 풍치가 있으며, 이 모두는 자연이 만든 잘 정돈된 창작경이라 할 것이다.

합식은 두 그루에서부터 3, 5, 7, 9, 무수無數로 구성하는데 여기에는 구도적으로 어느 정도의 규범을 고려해야 한다. 그렇다고 해서 규범이라는 방법이 꼭 있어야 한다는 것은 아니겠으나 인간의 시감각에는 공감이라는 공통적 개념이 있으며, 공통감각에는 '좋다' 는 것과 '금기' 가 따르게 되므로 홀과 짝의 수리적 개념이 있게 된다. 수와 고저, 원근, 변화, 통일, 조화, 균형 등의 규범을 갖게 하는 이유가 되며, 이러한 요소가 합해져서 하나의 형태로 나타나게 되므로 무의식적인 형태 작수는 피해야 한다.

1 쌍간 합식

두 그루 심기는 부자형과 부부형이 있는데 주간과 부간의 수고 차가 심하게 나타나는 수형을 부자형이라 하고, 엇비슷한 수고의 경우는 부부형이라 하는데 부자형에서는 부간의 높이는 주간의 내측 1지 아래에 부간의 수심이 있어야 하며, 뿌리 부분은 완전히 밀착하여 V자형으로 붙이고 부간의 위치는 주간에서 10도 정도 비스듬히 뒤로 위치하고 줄기의 곡과 주간의 곡, 부간의 곡이 비슷한 같은 모양으로 동행하는 선의 운동이 전개되도록 해야 한다. 만일 곡선이 동질감(예로 내천川자형)을 갖게 되면 쌍간 합식의 멋을 잃게 될 수 있으므로 유의해야 한다.

※ 부부간은 부간의 수심이 주간의 2/3 정도가 적당하며, 가지는 수고의 1/2 정도에 두는 것이 바람직하다. 주간과 부간 사이에는 가지를 두어서는 안 되며, 직간형이든 곡간형이든 전체의 외형은 부등변삼각형으로 구성되어야 한다.

2 삼간 합식

세 그루 심기는 두 그루 심기와 같은 방법으로 하되 세 그루 합쳐심기와 2:1 떼어심기가 있는데 합쳐심기는 중-대-소로 붙여서 대를 중심으로, 중은 약10°, 소는 약 15° 각으로 뒤쪽에 삼각 모양이 되도록 붙여 심는데 일직선상에 놓이지 않도록 유의한다.

2:1 떼어심기는 대와 소를 붙여 심고, 중은 약간 뒤쪽에 분과의 조화를 고려하여 심는다. 줄기의 굵기도 점차적으로 각각 2/3 정도가 되면 이상적이며 수고도 8:3이나 8:5의 비가 되면 자연스러우며 운율적인 형이 되어 부등변삼각형이 될 것이다.

3 오간 합식

다섯 그루 심기는 1군 심기와 2군 심기로 구분한다. 1군 심기는 주립의 경우와 같은 형식으로 방사형이 되도록 대를 중심으로 해서 근부를 모아 심어서 작수하는 것과 3:2로 대를 3의 중심에 두고 좌우에 소를 붙이고 중과 소를 띄워심기 한다. 이때 직간은 같은 위치에서 떼어심기를 하며 곡간형은 붙여심기를 하는 것을 기본으로 해서 1군 쪽은 흙을 높게 하고 2군 쪽은 약간 뒤쪽으로 얕게 해서 전면 공간에 광활한 느낌을 주도록 한다.

4 칠간 합식

일곱 그루 심기는 전술한 쌍간, 삼간, 오간합식을 기준으로 하여 4:3 심기나 합쳐심기를 한다. 단, 일곱 그루 이상 심기의 경우 분 모양은 장방형이나 타원형 또는 분경분이 격에 맞는다.

5 구간 심기

아홉 그루 심기는 5:4 나 4:3:2 등으로 2군 심기와 3군 심기 등 여러 형태로 합식하는데 구도적으로 근경, 중경, 원경으로 표현한다. 1군 심기와 2군, 3군 심기가 모두 가능하며 이때는 쌍간, 삼간, 오간 합식의 방법을 참고하여 세부적인 배식방법을 연구하고 아름다운 창작경을 작수 하도록 노력해야 한다.

6 무수 합식

아홉 그루 이상의 것도 같은 요령이나 너무 잡다하지 않은 편이 좋다.

7 합식 연출 기법

합식용 분은 운두가 낮은 분을 사용할 것이며 표토의 고저와 계곡, 능선 등을 잘 연출함이 바람직하며 돌을 이용하여 고태감을 더 할 수 있도록 시도하면 더욱 좋은 쾌경快景 창작도 가능하다.

분경을 응용할 때에는 반드시 홀수로 사용하며 석질이 같은 것을 사용하고, 합식에서 돌을 이용할 때에는 입석형을 금하고 평석형에 가까운 요철이 심한 돌을 사용해서 이끼와 돌이 같이 어울리도록 한다. 수목의 입상부를 중심으로 적절한 위치에 배석하여 자연스러움을 표현하고, 이끼를 심는 방법은 굴곡을 잘 살려서 가장자리에서부터 안쪽으로 심어 들어간다.

합식을 연출할 때는 단목으로서는 부적합한 소재들을 모아서 그 단점을 보충하여 이성지합二性之合의 이치적 원리로 서로를 조화롭게 합궁合宮시켜 한 그루 한 그루 조율하여 하나와 전체를 이상화하는 수단과 방법으로 창작에 임하면 좋은 작품이 될 것이다.

이때 주의하여야 할 요점은?
1. 구도가 잘 되어야 한다.

2. 통일성이 있어야 한다.
3. 변화적이어야 한다.
4. 조화가 잘 이루어져야 한다.
5. 원근감이 표출되어야 한다.
6. 명암이 있어야 한다.
7. 운율적이어야 한다.
8. 고태감이 충만해야 한다.
9. 안정감이 있어야 한다.
10. 여백은 시원스러우며 공간 처리는 잘 되었는가를 살펴야 한다.

 ## 관찰 방법은?

1. 전체적으로 조화가 잘 되었는가?
2. 겹친 줄기는 없는가?
3. 각 수목의 곡은 자연스러운가?
4. 가지는 교차되지 않는가?
5. 수고는 운율적인가?
6. 수간의 위치는 좋은가?
7. 원근감은 잘 표출되었는가?
8. 표토의 고저는 잘 이루어졌는가?
9. 이끼는 분의 여백과 잘 어울리며 자연스러운가?
10. 분과 나무의 비는 잘 맞는가?
11. 돌은 잘 이용되었는가?
12. 전체에 비하여 공간 처리는 잘 되었는가?

이상과 같이 여러 부분에 세밀한 주의를 기울이고 합식 창작에 임하면 더욱 좋은 합식 작품이 작수 될 것이다.

합식合植의 조건

분재의 수형을 작수할 때는 물론이지만 합식작을 할 때도 태세장단太細長短 즉 기본적으로 굵고, 가늘고, 길고, 짧고 하는 점에 세심한 고려가 요구되는 점이다.
또한 소재 선택에 있어 서도 동형동질同形同質 로서 전체가 통일성 있는 형태로 구성 작수作樹한다.

五간합식 五幹合植

점판석 粘板石 에 모형을 그리고 모양대로 깬 다음 모서리를
사포로 자연스럽게 다듬는다.
접착제로 철사를 적당한 간격을 두고 고착한 다음 생명토를
바닥에 2㎝ 높이로 둘레를 쌓고 소재는 혼합토로 식재한다.
철사로 고정하고 이끼를 붙여 흙의 유실을 막는다.
약 3개월 후에 뿌리와 이끼가 활착됨을 확인하고 철사걸이 한다.

七간합식 七幹合植

170cm

106　　　64

ø

170cm ÷ 8 × 5 = 106.25cm　　　170cm ÷ 8 × 3 = 63.75cm

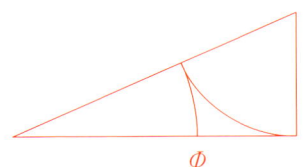

※ 구도로서 대우적 비례관계에 관심을 갖는다.
1. 수에 대한 관념　　2. 고저에 대한 격차　　3. 장단의 차이
4. 뿌리의 초점　　5. 방사형에 대한 고찰

제12절

선형 扇形

　선형은 부채 선扇자의 의미 그대로 나무가 부채 모양으로 되어 있는 형으로 정원이나 가로수형으로서 이용되고 있는 느티나무의 약 10년에서 20년 정도 생육된 형태에서 흔히 볼 수 있는 수형이다.

　선형은 우선 뿌리가 팔방으로 잘 발달하여 노출된 뿌리가 안정된 감을 주어야 하고 주간에는 흉터가 없어야 하며 가지는 입상부 상단에서 V자형으로 두 줄기로 분기되고 팔방으로 발달한 가지가 방사형이 되어야 한다. 초두부에는 세지가 밀생하나 끝가지에는 굵은 마디가 생기지 않도록 세심한 가지치기와 관리를 하여 정면으로 보아서는 꼭 부채를 펴든 것처럼 표현되어야만 선형의 진수가 된다. 작품으로서는 대작이나 중품작은 별로 가치가 없으며 소품 분재로서 일품이다.

　작품으로서는 느티나무 2~3년생의 묘목으로부터 시작하여 2~3년간만 배양하면 되는데 묘목을 약 10cm 정도에서 적심하여 부정아를 유발시켜 1년간 배양한 다음 윤생된 가지 중에서 뿌리의 좌우를 고려하여 정면에서 V자형이 될 가지만 남기고 나머지는 전지하고 쌍간처럼 된 두 가지에서 세지를 유발시켜 나가면 된다.

　선형의 특징은 모든 분재 수형의 기본이라 할 수 있는 부등변삼각형에 반하여 좌우가 대칭이며 반원형이 되도록 해야 된다는 특징을 갖고 있다.

　수종으로는 느티나무가 주류를 이루며 단풍나무도 간간이 쓰인다.

선형 扇形

작수(作樹)의 비율은 아래와 같다.
나무 높이　　　80㎝ 황금비, 피보나치 급수다.
가지의 높이　　 50㎝(8:5)
첫가지 높이　　 30㎝(8:3)
분 폭　　　　　 50㎝(8:5)

이 도형은 S형 정방형이다.

명자는 중국이 원산지이며 잔가지가 잘 안 생기는 습성이 있고
줄기는 가늘고 촘생하여 가지가 길어지면 계속 전지해야 한다.

선형 扇形

작수의 비율은 아래와 같다.
나무 높이 60cm를 황금비 8:5의 8로 기준한다.
가지의 높이 　　30cm 8:4(60÷8×4=30cm)
나무 폭　　　　60cm
분 폭　　　　　37cm 8:5(60×8×5=37cm)

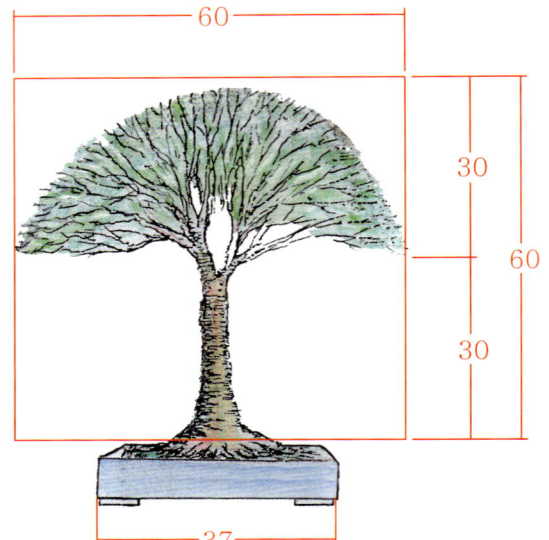

선형은 주간이 수직에다
Y자형이 꼭 되어야 한다.

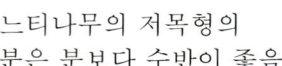
느티나무의 저목형의
분은 분보다 수반이 좋음

제13절

추형 箒形

추형箒形은 비 추箒자의 의미대로 나무가 빗자루 형태를 이루며 포플러나무의 자연 습성 그대로 수형에서 흔히 볼 수 있는 수형이다.

작수는 나무 높이 110㎝를 황금비 8:5의 8로 기준한다.
나무 폭   55㎝

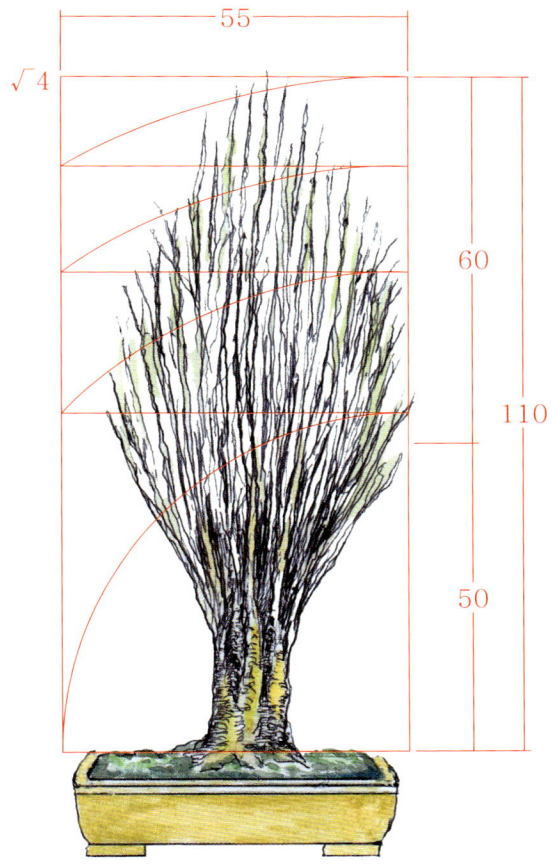

추형은 빗자루형으로 은행나무를 소재로 하여 작수된다.
추형은 많은 잔가지로 형성되며 전지를 하지 않고 눈따기
요령으로 잘린 줄기가 없도록 세심한 손질이 요구된다.

제14절 근상 根上

근상은 글자 그대로 '뿌리 솟음'을 말한다. 천재지변에 의한 산물의 형상으로 생명력을 가진 모든 식물들이 생존에 대한 끈질긴 고투 현상에서 생긴 것이다. 황기지慌岐地 즉, 산비탈 등지에서 흙이 유실되면서 뿌리가 점차 노출 되어 세근만이 겨우 흙 속에 묻혀 살아가고 있는 형태에서 분재인들이 생명체의 신기함에 묘미와 흥미를 갖게 되어 근상이라는 수형상의 명칭을 붙여 작수가 시작되었다.

근상의 소재는 원래 야생에서 얻어진 것이었으나 근래에는 배양 기술이 향상되면서 더욱 이상적인 소재가 다량으로 생산, 시판되고 있으나 이들 소재 중에서 과연 어떠한 소재를 선택할 것인가는 초보자는 물론이고 기성인도 심사숙고해야 할 일이다.

※ 근상 소재를 잘 선택하려면 다음의 몇 가지 조건을 고려해야 한다.
① 뿌리가 건실해야 한다.
② 뿌리의 굴곡에 흥미가 있어야 한다.
③ 뿌리에 흠집이 없어야 한다.
④ 뿌리가 길면서 대소(굵고, 가늘고)가 이루어져야 한다.
⑤ 뿌리가 홀수로 된 것이라야 한다.
⑥ 뿌리가 삼발이 모양이 되어서는 안 된다.
⑦ 입상부가 짧아야 한다.
⑧ 세지가 많이 있어야 한다.

⑨ 맹아력이 좋은 수종이어야 한다.
⑩ 엽성이 작을수록 좋다.

배양 방법에는 성토법盛土法과 페트병 이용(또는 원통법)법이 있다.

 ## 성토법
성토법은 흙을 높게 쌓아 마운딩한 후 묘목을 식재하여 묘목이 성장함에 따라 뿌리 부분의 흙을 조금씩 제거하여 뿌리를 노출시켜 육묘하는 방법이다.

 ## 비닐포트 이용법
깊은 페트병(또는 PE 계통 음료수병)을 이용하는 방법으로 비닐포트에 흙을 넣은 후 묘목을 심고 묘목이 자람에 따라 페트병 상단을 조금씩 잘라내어 흙을 제거하고 뿌리를 노출시키는 방법이다.

근상 根上

작수의 비율은 아래와 같다.
나무 높이　　　　120cm
나무 폭　　　　　80cm
가지 높이　　　　90cm
분 폭　　　　　　50cm(80÷8×5=50cm)

근상수형은 어떤 나무라 할지라도
분은 반드시 원분의 중앙에 식재해야 한다.
뿌리가 떠 있으면 좋지 않다.

근상 根上

※ 근상이란 주제와 같이 관상의 대상이 뿌리의 묘미에 있는 것이기에 뿌리솟음과 줄기의 비는 중요하다. 줄기가 길게 되면 반대로 뿌리가 짧게 보이는 비례적 착각이 일어나며, 뿌리와 줄기가 1:1이 되면 형태 구성상 문제가 발생한다. 이 점을 유의하여 소재를 선택하여야 한다.

비닐포트 이용　　　성토법

제15절 근석부 根石付

뿌리붙임의 석부 작업은 장기간의 세월이 소요되는 문제가 따른다. 근석부를 만들려면 2년생 묘목으로 뿌리가 긴 것을 택해서 3~4년 정도 땅에 묻어서 배양한 다음 분에 옮겨 심어야 하는 번거로움이 있다. 근래에는 소재 생산자들이 다량 배양하고 있으므로 이를 선택 구입하는 것이 편리할 것이다.

 ## 소재를 선택할 때 유의 사항

1) 석질이나 석형이 좋아야 한다.
2) 뿌리가 손으로 꽉 쥐듯이 돌에 밀착된 것이어야 한다.
   뿌리가 뜬 것을 택해서는 안 된다.
3) 석형에 따라 뿌리의 흐름이 이상적으로 흘러 내려야 한다.
4) 단엽으로서 맹아력이 좋은 수종이어야 한다.
5) 돌과 나무의 비가 잘 조화되어야 한다.
6) 크기는 중분재 이하의 것이어야 한다.
7) 입상부가 길지 않아야 한다.
8) 다간보다 단간일수록 좋다.
9) 평석형이나 환석형은 피한다.
10) 느릅나무 계통은 뿌리가 잘 뜬다.

※ 뿌리가 경화성인 수종을 택한다.

근석부의 형태로서는 포석형抱石形과 안마형鞍馬形이 있다.

안마형의 경우에는 수폭보다 돌이 크면 안 된다.

2 작법

1) 석질이 강하고 요철이 심하며 색상이 암갈색 이상으로 짙어야 한다.
2) 석형이 미적으로 묘미가 있어야 한다.
3) 요철이 심한 곳은 관상의 대상점(관상 point)이므로 그곳에 나무를 붙여서는 안 된다.
4) 뿌리는 돌에 밀착하여 뜨지 않도록 한다.
5) 돌보다 나무가 너무 크지 않도록 한다.
6) 안마형은 나무가 커야 한다.

근석부 根石付

※ 포석형은 뿌리를 교석에 묘미 있게 안착함이 중요한 관건이다.
　안마형은 나무가 커야 하고 반드시 말을 탄 모습으로 나무를 안착시켜야 한다.
　뿌리가 돌을 잡아 싼 것처럼 휘감은 모양으로는 습작하지 않는다.

〈근부형의 수형〉

제16절
석부 石付

　분재하면 먼저 '자연'을 말하게 되는데 분재예술의 대상이 자연의 소산인 식물이기 때문이다. 석부의 근원 역시 자연에서 바람이나 동물에 의해서 옮겨진 수목의 종자가 섬이나 바위 벼랑에 떨어져 환경의 악조건에서 장해를 받아 불우한 생장을 하면서 고통스러운 날을 보내고 있는 기형의 수목에서 찾아볼 수 있다. 그러나 우리 인간의 시각에는 미적 현상으로 지각되어 이를 감탄하며 즐겨 왔기에 이러한 절경의 아름다운 운치에 이끌려 분재 형식으로 재현한 것이 석부작이다.

　석부는 돌을 주제로 수목을 배식하여 감상하는 것과 근석부라 하여 나무의 뿌리를 돌에 감아 밀착시켜서 만드는 두 가지 방법이 있으며, 통칭 석부작이라 한다.

　창작에 있어 사물이나 경관을 본다는 것은 시감각에 의하지만 "무슨 형태인가?"의 개념 도달은 경험과 직결되는 시감각과 상관관계가 있다.(현상과 상관 관계에 있음)

　경험은 과거와 기억, 그리고 현재와 상상 즉, 미래로 이어져 시각은 지각으로 지각은 발상으로 전개되는 것이므로 석부작은 막연하게 생각하여 창작을 시도해선 안 된다. 하나의 경관을 기억의 잠재의식에서 구상화하여 사실을 묘사하기보다는 사실의 개체를 가감하는 높은 안목으로 구상하여 한층 더 높은 미적 현상으로 구도 창작해야 한다.

1 석부작

　석부작은 돌을 주제로 하는 것이기에 우선 돌이 미묘한 것으로 흥미와 감상가치가 있는 것을 구해야 하고, 수목 역시 왜소한 소재로 분에서 4~5년간 배양한 것으로서 석부할 목적으로 수형이나 뿌리의 축소 등으로 적응된 소재목을 이용함이 바람직하다.

석부작은 일반 분재와 분경 분재에 비하여 작업하기가 어려우며 많은 견학과 습작으로 높은 안목과 숙련된 기능을 갖추어야만 가치 있는 작품의 창작이 가능하다.

형으로는 도석형島石形(섬 모양), 유석형溜石形(연못 모양), 폭포석형, 가석형段石形, 평석형, 주석형舟石形(배 모양) 등이 있다.

석부 石付

경석

평석형

도석형 島石形

폭포석형

유석형 溜石形 (연못 모양)

석부작 石付作

※ 암석부는 천지인天地人의 구도로 식재 위치를 파낸 다음 생명토로 심는다.

제17절
사리간舍利幹과 신간神幹

　　사리간이나 신간은 심산 능선이나 농촌의 입구에 서 있는 목신형에서 볼 수 있는 것이다. 우리 민족의 전통적인 목신은 토속 신앙의 대상이었다. 성황당목에 금줄을 치고 소원성취를 기원하는 대상으로 그 마을의 수호신처럼 수백 년을 살며 마을의 변모해 가는 현실을 대변하듯 꿋꿋이 서서 모진 풍우에 시달리고 줄기에는 상처를 입고 가지는 일부가 고사하기도 하였다. 생과 사의 기로에서 생에 대한 집념으로 나날이 만고풍상을 겪어 온 흔적을 역력히 보여 주고 있는 노거수들이다. 이에 분재인들은 신기한 매력에 끌려서 사리간이나 신간을 만들게 되었다.

　　사리는 홈과 외피가 벗겨져서 생긴 일종의 상처 현상이고 신은 가지가 고사하면서 생긴 삭정이를 말한다. 사리라는 말은 스님의 사리와 같은 단어를 사용한 것으로 백색을 뜻했을 뿐 별다른 뜻이 없으며, 가지에 신자를 사용한 것도 토속어로서 귀신이 붙은 나무에서 온 말로 여겨진다.

　　사리간을 만드는 수종으로는 송백류가 주가 되며 매화나무, 석류나무 등이 사리간으로 이용되고 있다. 해송, 적송, 오엽송 등은 일반적으로 많은 사리를 하지 않고 일부에 약간의 사리를 가하는데 정면에서 보아 미적 가치가 충분한가의 고찰 끝에 사리를 가한다. 신을 만들 경우에는 전지할 가지를 일정 기간을 두고 두 번 자르게 하여 신(삭정이) 작업을 한다. 만일 수액 이동 중에 작업할 경우에는 전지를 한 다음 수피를 벗기고 즉시 피질 부위에 유합제를 도포하여 수액이 마르지 않도록 하고, 목질이 충분히 건조한 후에 조각한다.

진백이나 두송, 주목, 매화 등은 성장기에는 절대 사리 작업을 해서는 안 된다. 반드시 휴면기에 실시하는데 강한強寒에는 피하여 일차 작업은 기본 작업만을 마치고 다음해에 물빠리(수맥)가 충분한 역할을 하여 수세도 건실하고 각피한 부분도 건조 상태가 충분한가를 감안하여 휴면기 중에 본격적인 조각을 한다.

이때 사리 작업은 물빠리 작업이다. 사리간은 거의가 인위적인 작업으로 노간老幹의 형상을 표현하는 것이므로 물빠리 작업은 매우 신중을 기해야 한다. 물빠리는 상부층의 수세를 유지할 수 있는 수분과 양분이 이동하는 통로이므로 물빠리의 역할은 매우 큰 것이며, 미적인 요소 또한 중요하므로 위치 선정에도 각별한 연구가 필요한 수형이다. 사리간의 수형은 곡간이나 간, 모양목 등 여러 수형에서 이용된다.

신간 神幹과 사리간 舍利幹

사리간은 모든 기술적인 작업이 끝나면 사리 부위가 완전히 건조한 후에 석화유황합제를 원액으로 발라 준다. 매년 2, 3회 반복해서 도포한다.

※사리간과 신의 필수 조건
1. 소나무류는 줄기의 직경 1/5 이상을 박피하면 흉하다.
2. 섬진백류는 줄기의 직경 1/16까지 박피해도 무방하다.
3. 사리는 자연성에 가까운 것일수록 명목에 가까워진다.
4. 신은 침형은 될 수 있는 한 피하는 게 좋다.
5. 물빠리는 한 줄 물빠리와 두 줄 물빠리를 낼 수 있다.
※너구리 분재 : 죽은 나무에 붙여서 만드는 분재

<사리간과 신간 수형>

신간 神幹　　　　　사리간 舍利幹

사리간 舍利幹

면에 대한 분할은 아래 도형과 같다
작수의 비율은 아래와 같다
수고 100cm 수폭 100cm
1지 높이 50cm 분의폭 60cm

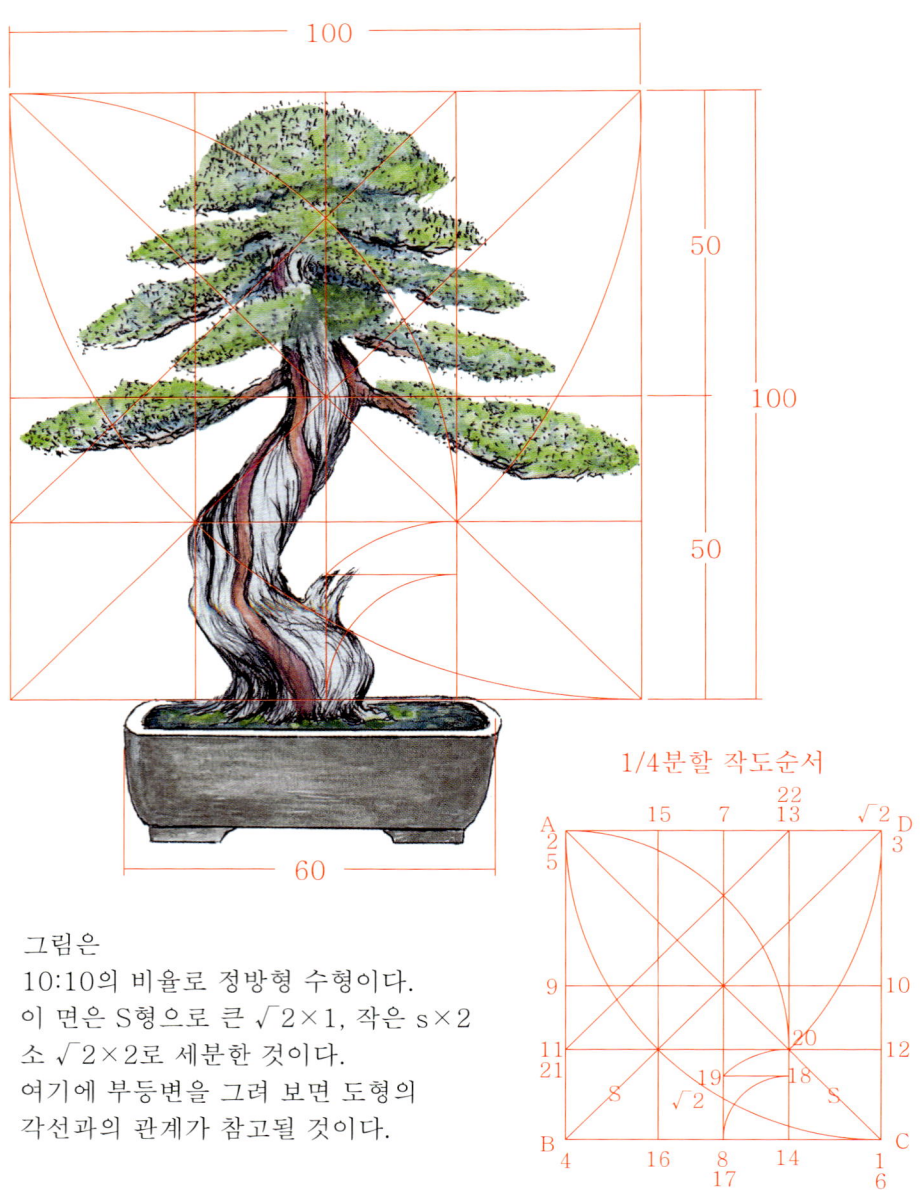

1/4분할 작도순서

그림은
10:10의 비율로 정방형 수형이다.
이 면은 S형으로 큰 √2×1, 작은 s×2
소 √2×2로 세분한 것이다.
여기에 부등변을 그려 보면 도형의
각선과의 관계가 참고될 것이다.

사리간 舍利幹

수형에서 오는 정서
그림(1)

그림(2)

20°
40°

사간의 적정사각

시각과 수형
위의 나무는 같은 나무이나 ①은 가지가
예각이고 ②의 나무는 둔각이다
분재는 근, 간, 지, 엽, 화, 실, 수형이라 했다.
①은 날카롭고, ②의 유화한 느낌은 어떠한가?

사리간 舍利幹

물빠리와 박피剝皮

사리간舍利幹 의 박피剝皮
— 진백眞柏, 주목朱木, 두송杜松 등의 물빠리

사리간의 사각은 40°이내야 하며 40°이상이면 너무 쓰러진다.

(소나무는 필히 감상목)
소나무는 일부분 박피剝皮 5분의 1까지만 한다.

사리간 舍利幹

※ 매화나무 개화기의 손질
　미정목=고목형 소재는 꽃이 피기전 까지 사리 작업을 실시해도 개화에 지장이 없다.(조각)
　가지의 정지와 정자의 작업 시 역지나 하수지 등을 자르지 않는다. 긴가지 끝만 접어준다.
　입춘 후에는 매화의 고피나 어린가지에도 칫솔질을 하여 나무가 정갈히 보이도록 손질한다.
　사리가 나 있는 곳은 유황합제원액을 칠한다.

1/4분할도

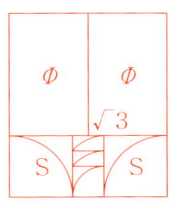

ϕ, 2S, 2$\sqrt{3}$, 1

제18절

분경 盆景

　천태만상하고 기기묘묘한 풍치의 현상은 자연의 위대한 힘으로만 이루어진 것으로 인간의 능력으로는 모방이 불가능하게 창조된 자연의 법칙이요 순리이며 자연이 인간에게 준 조물주의 선물이다. 인간은 이를 관상하며 심신의 고뇌를 씻고 심리적인 안위를 얻으며 안락의 일상과 삶의 도를 닦으면서 진화를 거듭해 왔다.

　현대 문명이 발달하면서 풍치를 관찰하는 시각은 그 필요성에 따라 분야별로 다른 시각으로 작용되고 있다. 예를 들어 시인의 시각에는 언문학적으로, 음악가의 시각에는 감미로운 음률로, 식물학자의 시각에는 식물의 생태에 대하여 진화의 과정과 이식에 대한 연구에 몰두할 것이며, 지질학자의 눈에는 지구의 생성과 지층, 지질 등에 대한 안목에 집중할 것이고, 화가의 시각에는 색채와 명암, 속도, 배경, 시각 그리고 구상적으로 어떻게 화폭에 담을 것인가 등등으로 작용할 것이다. 동일한 경관일지라도 각기의 관점은 주제의 목적에 따라서 엄연한 차이점이 생기게 될 것이다.

　그런데 분재인의 시각은 한 차원 더 높은 것으로 전술한 모든 것들이 종합된 형상적인 심미안을 갖고 자연의 섭리에 접근하는 진리로서 만상을 시각, 지각해야 한다. 본다는 것이 시각에서 지각으로 이어지는 것이라면 '본다'는 '견見' 자나 '시視' 자 그리고 '관觀' 자는 서로 다르게 해석이 된다. '견' 자나 '시' 자의 의미는 사물의 존재를 단순히 '본다'는 것이다. 견이나 시 현상이 마음을 가지고 문제의식을 파악하거나 대처하는 것이라면 '관' 자의 개념은 가장 고차원적인 시각으로서 어느 법칙을 깨닫거나 눈으로 보이지 않는 부분까지도 보는 혜안이라 할 것이다.

① 육안肉眼은 사물에 대하여 표면만을 보는 눈 즉, 무의식적인 견이나 시이다.

② 천안天眼은 사물에 대하여 해석적이고, 미래를 예측할 수 있는 내면적이고 미래 지향적인 눈으로 작용한다.

③ 혜안慧眼은 철학적이고 구체적인 깨달음과 창조적인 능력에 크게 작용한다는 것으로 이는 관이라는 것이다.

④ 법안法眼은 예술적인 심미안을 지칭하며 마음을 정하게 갖고 집념이나 자기본위가 아닌 맑은 분위기가 되었을 때 일어나는 현상으로 심력적인 통달을 하였을 때 눈이 뜨이는 것으로 역시 관이다.

이와 같은 시각의 개념을 이해한 뒤 창작에 앞서 하나의 풍치를 관찰하고 지각함으로써 창조적인 안목과 의도로 심미안을 키워 가장 고차원의 시각으로 습작에 임해야 할 것이다. 특히, 분재인의 시각은 보통 사람의 시각과는 다른 차원에서 자연 경관을 주의 깊게 관찰하고 그 어느 곳의 경치를 축경 습작토록 해야 한다.

1. 분경은 작은 분에 자연경을 축소하여 표현하는 것으로 자연을 사실적으로 묘사하여 입체적으로 사계절의 풍치를 즐길 수 있는 기법이다. 분재가 수목 자체의 미를 추구하는 것과는 달리 돌을 주제로 나무와 풀과 이끼, 모래 등 자연의 모든 요소를 재료로 하여 산수 풍경을 연출하는 기법이므로 전체와 개체를 통일성 있게 표현하여 전체가 조화롭게 구성되어야 한다. 개체보다는 전체의 통일성을 중시하여 안정감이 있도록 하는 것이 중요한 요점이 되며 사전에 예상도를 필히 작성한다.

2. 분경 창작은 어떠한 형태, 어떤 수종, 무슨 석형과 석질로 구성할 것인가를 고려하여 사전에 재료의 준비와 구도에 대하여 충분히 검토함이 바람직하다.

3. 형식은 단봉형, 쌍봉형, 삼봉형, 풍류형으로 구분한다.

4. 석형은 요철이 심한 계곡형, 산봉형, 가석형, 침석형, 입석형 등으로 분류하며 홀수로 동일한 석형과 석질을 이용하여 조성한다.

5. 소재목은 주가 되는 수종을 단일화하고 가능하면 상록수가 이상적이다. 수고는 돌보다 낮은 왜소한 소재를 선택하여 주석主石에 장애가 되지 않도록 해야 하며 붙여 심는 나무 즉 장식용 화목이나 초물은 단엽성 소품을 사용한다.

6. 단봉형은 주석을 필히 입석으로 하고 광활한 평야지 또는 해안의 섬을 연상하게 하는 바탕에서 구도적으로 짜임새 있는 풍경이 되도록 한다. 돌은 3~5개로 한다.

7. 쌍봉형은 원근 표현이 용이하므로 원근법의 이치를 잘 응용하여 묘미있는 풍경이 되도록 한다. 돌은 5개나 7개, 9개까지 사용한다.

8. 삼봉형은 근경, 중경, 원경의 표현에 적합하며 분경 중에서 가장 원근의 표현이 용이하며 구도적으로 이상적인 형이다. 돌은 9개 이상을 사용한다.

9. 풍류형은 일종의 문인풍으로 단목 또는 쌍목 합식하는 기법이다. 수목을 주제로 문인풍의 정자목으로 표현하고 돌은 깔돌盤石로 하여 누운 돌 또는 입석으로 근부에 붙여 배석해서 들과 강의 쉼터를 연상케 하는 흥미로운 형이다. 돌은 5개 이상을 사용한다.

위의 형식을 기본으로 적절하게 응용하여 자연적인 풍치미가 표현되도록 세심한 주의를 기울여서 시원스럽고 광활한 느낌과 세련되고 아담스럽게 작업함은 물론, 너무 복잡하지 않고 단조로우면서도 우아한 풍경으로 조성해야 한다. 잡다하면 오히려 졸작이 되고 유치하므로 다음과 같은 구상의 요지를 참고하여 창작에 임한다.

※ 재료의 준비
① 예상도 작성(스케치)
② 돌 : 구상에 적합한 석형, 색채, 대소, 개수
③ 수종의 선택(붙여심기용 화목, 초물)
④ 이끼, 청태, 백태, 비로도 이끼
⑤ 용동, 마사, 생명토, 화장토(모래)

⑥ 분, 수반 또는 운두가 낮고 넓은 분
⑦ 접착제

| 분경 도형 |

※ 분경작이나 합식작을 할 때 그림에 나타난 수를 감안하여 창작하다 보면 자연스럽게 좋은 작품이 된다.(이 수치는 피보나치 급수 계산에 의한 것임) 단, 작품에 자로 정확히 측정하여 맞추기 보다는 작품에 임하는 지식에 의해서 좋은 작품이 만들어지는 것이다.

분경(盆景)의 조건

분경은 돌을 주제로 나무와 풀과 이끼, 모래 등 자연의 모든 요소를 재료로 하여 산수풍경을 연출하는 기법이므로, 전체와 개체를 통일성 있게 하는 것이 중요하다.

구도 분할　　$135 \div 8 \times 5 = 84$ cm
　　　　　　$135 \div 8 \times 3 = 50$ cm
　　　　　　$135 \div 8 \times 2 = 34$ cm

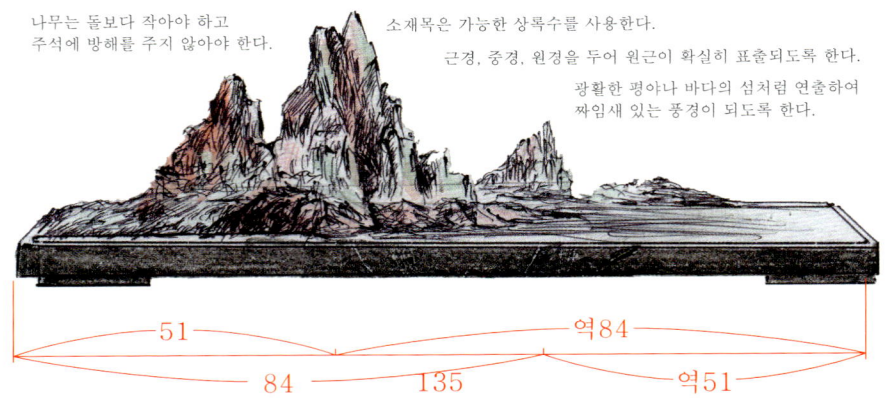

구도 설명　수반을 12로 가정　주봉 정경 4.5와 2봉 3, 원경 역수 3.5
　　　　　　　　　　　　　　　주봉 높이 3.5, 2봉 2, 원경 1

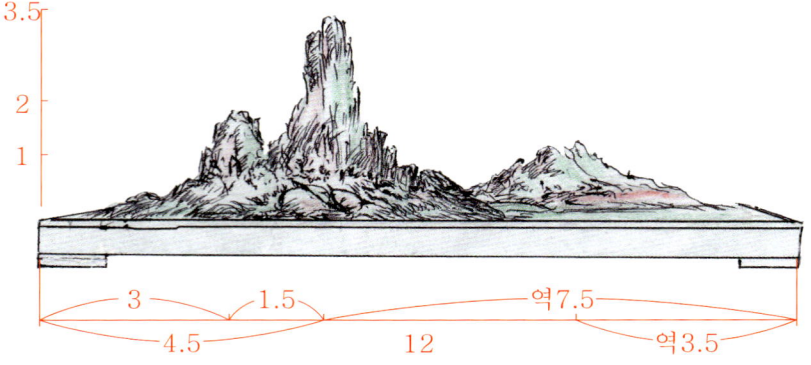

분경이나 석부작을 창작할 경우 구도적으로 비례적 안배 관계를 고려한다.
수반과 돌, 나무, 초물, 이끼 등 각 소재에 대하여 숙고하고 하나의 경관에 대한 상호관계에서 사리에 맞도록 깊은 연구가 있어야 한다.

분경 盆景

석부분경 石付盆景

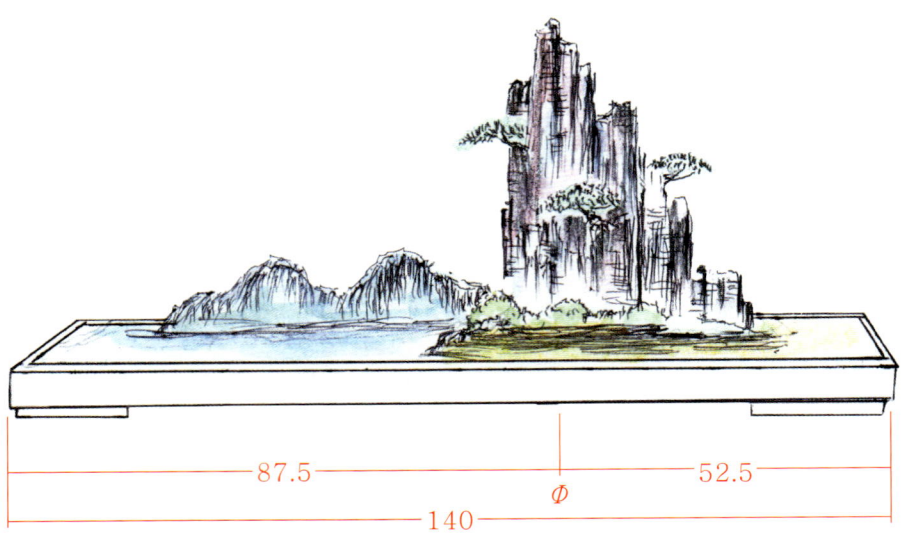

분경을 창작할 경우에 필수 요소는 돌과 나무의 비례 관계이다.
항시 나무는 작은 소재를 식재함이 바람직하다.

※ 석부작이나 분경을 만들 때 준비물
   1. 돌의 모양, 색채, 대소, 개수   4. 수반, 마사, 생명토
   2. 나무, 왜소한 상록수, 화과류   5. 접착제
   3. 초물, 이끼, 수태   6. 예상도

석부분경 石付盆景

※ 작업 준비물
1. 장방형 수반
2. 용암석鎔岩石
3. 식재용 소재 : 가. 상록수   나. 초물(소엽덩굴성)
              다. 이끼   라. 생명토   마. 마사토

제19절 개심형 開心形

　개심형이란 마음을 활짝 열어 놓은 듯한 형으로 우리 농촌이나 들판에서 흔히 볼 수 있는 완전한 우리나라의 고유 수형이다.
　개심형은 나무 주변에 아무런 장애물이 없는 공간에서 자기 개성 껏 동서남북으로 마음껏 자란 웅장한 모습으로 자유롭고 평온하게 수백 년을 살아오면서 우뚝 선 모습으로 그 마을의 수호신처럼 마을 사람들의 희로애락과 변모해가는 세상사를 가슴에 안은 채 말없이 묵묵히 서 있는 노거수의 형태이다. 농촌 사람들의 휴식 공간으로 또는 화합의 자리로 우리 인간에게 많은 덕을 베풀어주고 있는 덕혜수(또는 정자나무) 이기도 하다.
　주간은 반간처럼 꿈틀거리고 뿌리는 팔방으로 자유롭게 뻗어 지상으로 노출되어 자기의 안정은 물론이고 보는 이에게 천지를 한 손에 움켜잡은 듯한 감흥을 주어 미적 감상면에서도 한층 더 인간들의 고뇌를 위로해 주는 풍자스러운 모습을 지니고 있다. 가지 또한 모진 강풍에 의해 상처를 입고 있는가 하면 초두부의 세지는 전정사인들 그토록 단정하고도 세밀하게 손질할 수가 있을까 할 정도의 아름다움은 자연의 위대함을 새삼 느끼게 하는 우리 농촌의 진경이며 우리들의 천연적인 수형인 것이다.
　개심형의 특징은 선형과 마찬가지로 모든 분재 수형의 기본이라 할 수 있는 부등변삼각형에 반하여 좌우가 대칭하여 반원형이 되도록 해야 된다는 특징을 갖고 있다.
　수종으로는 느티나무, 팽나무, 은행나무, 버드나무 등이 주로 있다. 특히, 우리 조상들은 산소 함성량이 많은 느티나무를 정자나무로 선호하여 인간에게 유익한 나무임을 일찍이 깨닫고 가까이 하는 지혜로움이 있었다.

개심형 開·心形

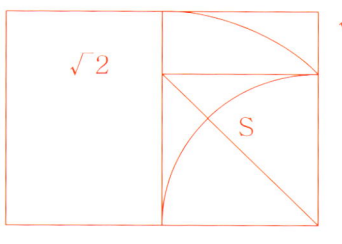

√2 2개로 분할 50%축소

작수作樹의 비율은 아래와 같다.
나무의 높이 70cm를 황금비로 분할한다.
가지의 높이　　44cm 8:5(70÷8×5=43.75cm)
첫가지 높이　　26cm 8:3(70÷8×3=26.25cm)
나무 폭　　　　99cm
분 폭　　　　　62cm 8:5(99÷8×5=61.8cm)

※ 개심형은 정자나무형이므로 수종으로는 송백보다도 느티나무, 팽나무 등이 알맞고 통상 잡목 계통이 좋으며, 주간은 우람하고 고태감이 충만한 소재가 적격이며 대·중·소품까지 작품이 가능하다.
　　전체의 수격으로서는 정자나무의 특징상 좌우가 정대칭한다.

개심형 開心形

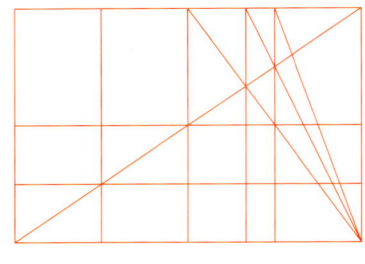

3 등분할

작수作樹의 비율은 아래와 같다.
나무 높이 78cm를 황금비 8:5의 8로 기준한다.
나무 폭   110cm
첫가지 높이   20cm 8:2(78÷8×2=19.5cm)
분 폭   69cm 8:5(110÷8×5=68.7cm)

정자亭子나무형은 나무가 풍기는 맛에 서정抒情적인 기품氣品을
지닌 데가 있어야 되고, 촌민村民들의 공터가 되는 듯하게
나무가지는 나즈막하며 수고가 높지 않게 작수한다.

개심형 開心形

작수作樹의 비율은 아래와 같다.
나무 높이 81cm를 황금비 8:5의 8로 기준한다.
나무 폭　　　　100cm
가지 높이　　　　30cm 8:3(81÷8×3=30.4cm)
분 폭　　　　　　63cm 8:5(100÷8×5=62.5cm)

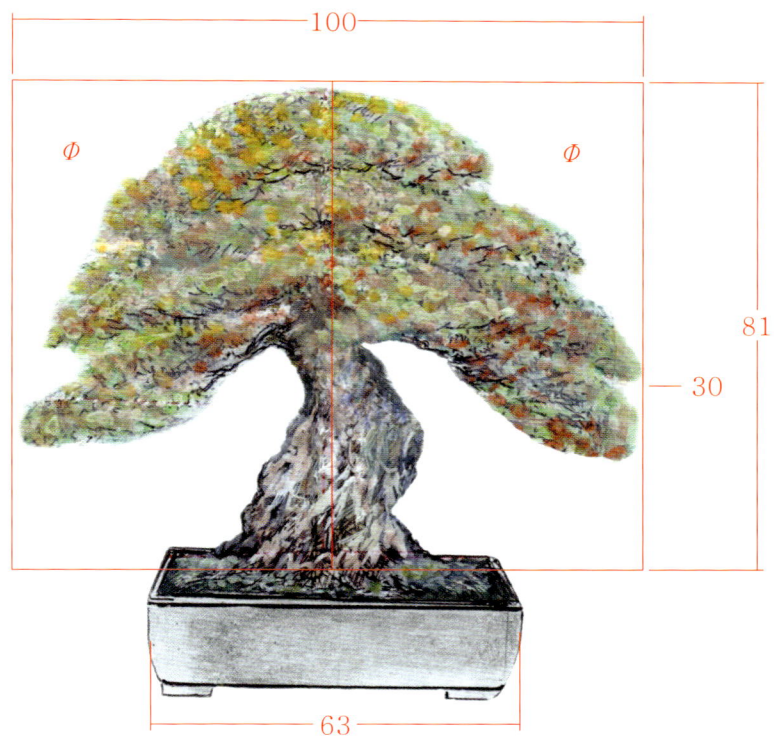

개심형을 작수할 때 나무의 높이 비율보다 나무 폭이
더 넓도록 한다.

개심형 開心形

작수(作樹)의 비율은 아래와 같다.
나무의 높이 93cm를 황금비 8:5의 8로 기준 삼았다.
나무 폭　　　115cm
1지 높이　　　23cm 8:2(93÷8×2=23.25cm)
분 폭　　　　72cm 8:8(115÷8×5=71.88cm)

이 나무의 면은 ∅ 두개로 분할했다.

개심은 단간형과 다간형이 있으며, 다간형은 키는 작고 폭은 넓게 하며 시원스러운 수형으로 연구한다.

제20절 선비나무형

　해안으로부터 약 20km 이내 전국 내륙에서 자생하고 있는 나무 중의 나무는 소나무(적송赤松, 육송陸松)라 할 것이며, 소나무에 얽힌 일화逸話는 무수만담無數漫談일 것이다.
　소나무는 인간의 생애적生涯的 희로애락의 역정歷程을 묵묵히 지켜보며 안서安舒하는 양 내려다보고 있는 낙락장송落落長松만이 가진 기품氣品에 매혹감魅惑感을 갖게 해주며, 선비의 고고孤高한 품격品格이 충만하게 담긴 형태적 수형이다.

1) 뿌리는 나무가 쓰러진 반대쪽으로 반드시 노출근이 있어야 되고 전후근은 약간 가는 편이 좋다.
2) 줄기의 높이는 1m 내외가 적당하고 줄기의 곡은 무리한 절곡이나 나선곡은 피하도록 한다.
3) 가지는 수고의 황금비 60cm에서 70cm 정도에다 좌우 전후지가 있으면 좋으며, 가지의 수가 7가지 이상이면 수형상 답답하게 된다.
4) 단엽처리 하려면 조기에 실시한다. 잎이 너무 짧으면 육송의 부드러운 맛이 없어진다.
5) 분은 선분의 비율로 나무 폭을 기준하여 8:5의 조화로 한다.

◎ **어린소나무**

　너와 내가 짝되어 아파트촌에 입적하니
　옛 고향 그리워라

장척長尺은 되었거늘 팔이 짧아 어른 구실 못하지만

먼 훗날에 낙락장송落落長松 되려 하네

선비나무형

1.236:1 F형의 면
(피귀르 figure)

55

선비나무형

나무의 작수 비는 아래와 같다.
나무 높이 130cm
나무 폭　　65cm

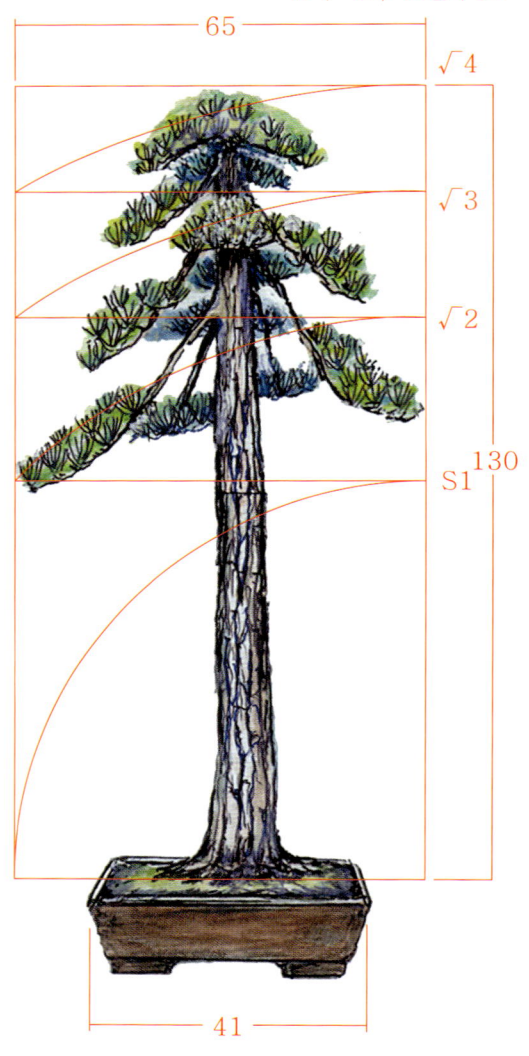

면 √4의 분할구도

분은 나무 폭의 황금비 41cm이다.
일지는 √2 자리에 두어 S면의 시원스러운 구도를 취하며
가지는 낙락장송이라 하향하여 죽죽 내린다.

선비나무형

도형과 구도
이 도형 √3 내에서 비례와 균형이 어떻게 이루어져 있는지 고찰해 본다.

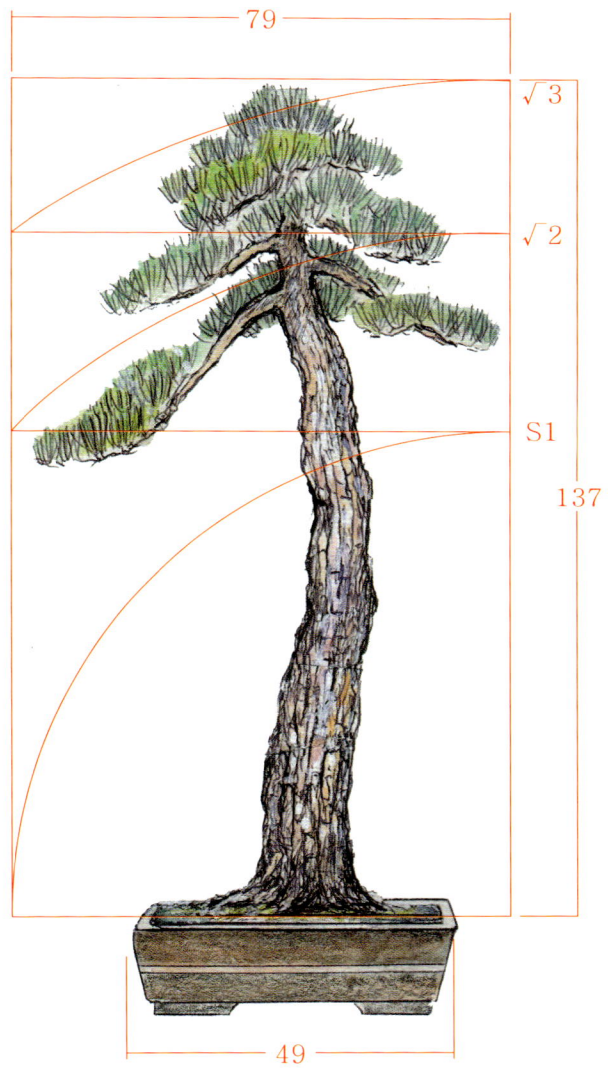

※ 작수 요령
1. 주간은 후리후리한 높은 키의 문인목과는 달리 서정(抒情)적인 느낌이 충만해야 한다.
2. 주간에 무리한 곡이 있으면 안 된다.
3. 가지가 많아도 안 좋아 7지 이상은 무리이다.

선비나무형

나무의 작수 비는 아래와 같다.
나무높이 105cm를 황금비 8:5의 8로 기준한다.
나무 폭　　　　　80cm
첫가지 높이　　　66cm 8:5(105÷8×5=65.6cm)
분 폭　　　　　　50cm 8:5(80÷8×5=50cm)

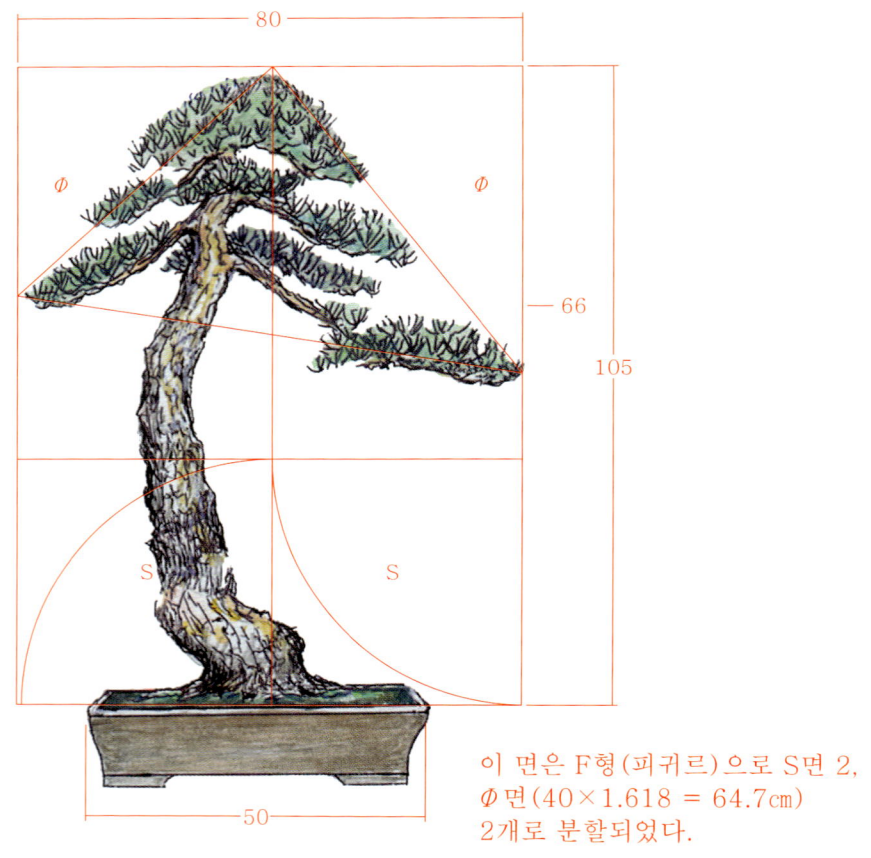

이 면은 F형(피귀르)으로 S면 2,
Φ면(40×1.618 = 64.7cm)
2개로 분할되었다.

이 나무는 실사(實寫) 한 자연수형이다.
F면 내에서 부등변이 어떠한 역할을 하는가 고찰한다.
우리나라 육송은 키가 큰 형태로 주간이 쭉 뻗어 오르는 기품(氣品)은 매혹감(魅惑感)을 갖게 함으로써 선비의 고고(孤高)한 품격(品格)이 담긴 수형이므로 많은 연구 개발이 요구된다.

선비나무형

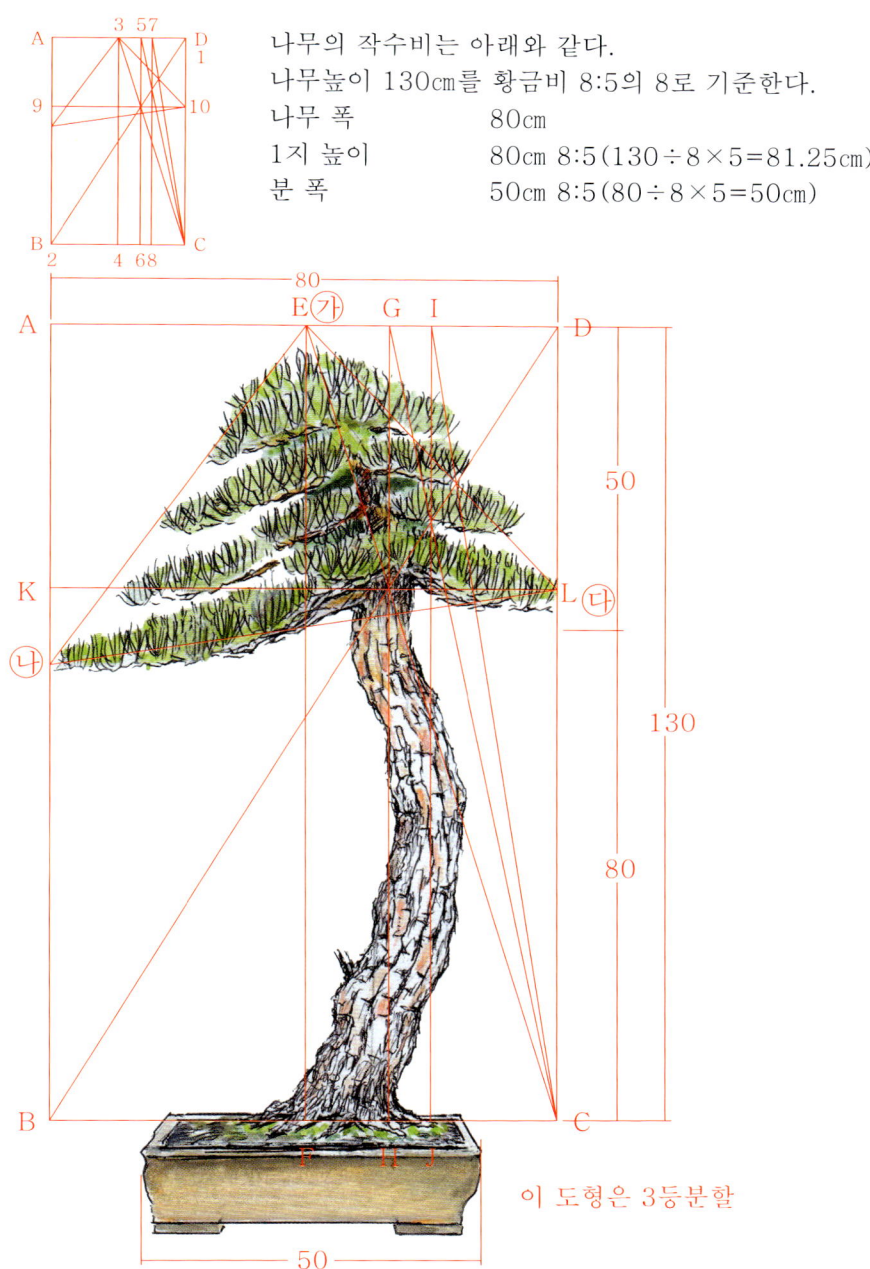

나무의 작수비는 아래와 같다.
나무높이 130cm를 황금비 8:5의 8로 기준한다.
나무 폭　　　　　80cm
1지 높이　　　　　80cm 8:5(130÷8×5=81.25cm)
분 폭　　　　　　50cm 8:5(80÷8×5=50cm)

이 도형은 3등분할

도형의 설명 : 면 ABCD는 GH, IJ 3등분할, 가나다는 부등변 등으로 분할된다.
　　　　　　작수는 수형의 균형과 비례를 고려한다.
　　　　　　나무의 중심은 GH수선의 극極점에 있다.

선비나무형(곡간형)

나무의 작수 비는 아래와 같다.
나무 높이 100cm를 피보나치 급수로 기준한다.
나무 높이　　　　100cm
나무 폭　　　　　89cm
분 폭　　　　　　56cm 8:5 (89÷8×5=55.6cm)

그림은 S면 2 Ø면 1로 분할됨.
2개의 S면은 공간 역할을 하고, Ø면은 가지의 배치로 부등변 3각을 이루며, 수심은 면의 중심에서 좌우의 균형을 통제하는 역할이 되며 분의 비례적 조화도 황금비로 비례됨.

5장

분재盆栽 기술技術

제1절
철사걸이의 이론과 기법

철사걸이의 의의와 목적

　모든 나무는 '목금기木金忌'라 하여 쇠를 싫어하는데 이 성질을 응용하여 철로 수목의 줄기와 가지의 형태를 교정 및 정형한다. 노목의 미적 형태를 축소하여 재창출하는 기법 중 첫 과정으로서 철사걸이는 매우 중요하다. 철사걸이는 소재에 맞는 아름다운 수형으로 정형하는 데 필요한 과정이며, 형태적으로 가치 있는 분재목으로 교정하여 재창작하는 데 그 목적과 의의가 있다.

　자연 수목의 생육 형태를 살펴보면 첫째 대생성, 둘째 호생성, 셋째 윤생성 등이 있다. 이러한 나무의 성질을 기준으로 소재 선택 및 관찰 방법에 대한 7가지 원칙이 있는데 ①근, ②줄기, ③가지, ④잎, ⑤꽃, ⑥열매, ⑦형의 순서대로 관찰하여 수형을 정하고 전지한다. 이 기본형을 '육대삼탁일정六臺三托一頂' 또는, '축형軸形'이라 한다.

　분재는 무엇보다도 예쁘게 만들어 아름답게 감상하는 사랑스러운 예술품이기에 어느 한구석까지도 '십전십미十全十美'로 모두가 예쁘게 만들지 않으면 안 된다. 그를 위해서는 시각적으로 장애를 주는 행위는 금기하여야 하며, 예술적인 형태의 구성은 물론 철사걸이도 방법에 대한 원칙이 있어야 한다. 분재는 '선학적 요소'와 '역학적 요소' 그리고 '식물 생리적 요소' 등의 합성체이기 때문이다.

　이들 요소의 조건들을 바탕으로 분재 형태를 습작하는 데 있어 '철사걸이'는 매우 중요한 첫 과정이다. '철사걸이'는 촉감이라는 감각적 작업 기능으로 인간의 본능적인 감각에 의해서 터득할 수 있다. 모든 인간은 시각에 의해서 정확한 판별이나 인지를 할 수 있다고 생각하지만 사실은 시각보다도 촉각에 의해서 더욱 확실한 인식이 가능하다. 이것은 심리적 관계에서 일어나는 현상이다.

   그러나 분재 실습에서 '철사걸이'에 대해서 등한시하는 경향이 있는데 "철사는 걸었다 풀어버린다."는 까닭에 일정한 세칙이 없고 약간의 기본만 알려진 까닭이다. 철사걸이는 매우 중요한 분재기술 중의 하나이므로 철사걸이 요령에 대하여 정리 기술한다.

   ① 모든 식물은 상승 작용에 의하여 생장한다. 이러한 분재 요소를 '철사걸이'로 하여 수형을 만들어 갈 때 수종별 수형이라는 특성대로 정형을 하는데 선의 활동여하에 따라서 그 목적과 표현의 감성이 달라진다. 철사걸이용 철사도 굵기에 따라 각기 힘의 작용을 달리한다.

   ② '철사걸이'의 기능상 요점은 우선 기술부터 습득해야 된다. 기술과 예술은 분리할 수 없는 것이다.

   ③ 끝가지를 먼저 익히고 난 다음 원가지 걸이를 익히며 줄기의 철사걸이를 익혀야 제대로 '철사걸이'를 할 수 있는 능력을 갖게 된다. 잔기술을 먼저 익혀야만 큰기술을 습작할 수 있기 때문이다. 즉, 기초가 튼튼해야 한다는 점을 다시 한 번 강조한다.

   ④ '철사걸이'의 기본을 편리상 나누어 보면 세지, 중지, 대지로 구분한다. 세지는 가는 끝가지(子枝, 孫枝)를 말하고, 중지는 원가지(父枝)를 말하며, 대지는 줄기를 말한다.

   ⑤ '철사걸이'는 먼저 줄기를 걸고 1지로부터 걸어 올라가며 1지 끝(세지)까지 전부 걸어준 다음 2지, 3지 순으로 걸어 나간다.

   ⑥ 줄기의 우로감기와 좌로감기의 차를 말하면 줄기의 철사걸이는 우로 감는 것이 일반적이며, 경우에 따라 줄기를 좌측으로 휘려고(곡을 주려고) 할 때만 좌로 감는다.

   그 이유는 통상인의 시각에서 어떠한 물체라도 시계 방향은 정상으로 보이고 역순으로 돌아가면 반대 시각적인 심리 장해를 준다. 줄기의 철사걸이는 두 줄(쌍선)로 감는 것을 원칙으로 하는데 이것 역시 미적 시각면에서 한 줄로 감으면 외롭고 허전한 감을 주기 때문이다. 둘이라는 수는 음양의 뜻이고 역학적 이치에도 부합된다. 줄기를 교정할 때 힘이 부족하여도 삼선(세 줄)감기만으로 한정한다. 그 이상 선의 수가 되면 수피면 보다 철사의 폭이 더 넓게 된다. 두 줄로 감아야 할 철사의 굵기는 촉감적 판단으로 1/2 굵기의 철사로 걸어야 한다.

   ⑦ 가지(부지)의 철사걸이는 기초 즉, 밑자리의 상황 또는 구부리려 하는 방향에 따라 좌로걸기와 우로감기를 하되 되도록 우로감기를 기본으로 한다. 가지의 첫 번째 선은 가지의

끝(초)은 남기고 세지걸이를 할 때 건다. 두 번째 철사는 중간 정도 가지에서 자르되 필히 하행한 자리에서 자른다.

⑧ 잔가지(세지)는 한 줄 걸이를 한다. 잔가지의 굵기에 따라 철사의 굵기를 잘 파악하여 사용한다. 잔가지의 끝은 끝송이가 있는 수종과 끝송이가 없는 수종으로 나누어진다. 끝송이가 있는 수종은 소나무, 철쭉류 등이며 끝송이가 없는 수종은 잡목류이다. 끝송이가 있는 나무는 O자 매듭을 하고, 끝송이가 없는 나무는 C자 매듭을 한다.

철사걸이 기법의 명칭 및 감기요령

	기법의 명칭	철사걸이의 요령(기법)	비고
1	우로감기	철사는 선학적, 시각적으로 우로감기를 기준으로 한다.	
2	좌로감기	줄기나 가지를 좌측으로 휘고자 할 때만 좌로감기를 한다.	
3	S자 걸기	밑자리의 상황에 따라서 S걸이를 하는데 먼저 걸린 철사와 같은 방향을 따라서 감아 준다. 이 방법도 가지와 줄기, 가지와 가지에 쓰인다.	
4	낚시걸이	기부의 밑자리가 마땅치 않을 경우 가까운 가지에 걸어준다.	
5	수평걸이	굵은 줄기에 직각으로 감으면 흉하게 보인다.	
6	줄걸이	철사를 걸었음에도 힘이 부족할 때는 줄로 당겨서 보강 한다.	
7	끼워감기	기부의 밑자리가 마땅치 않을 경우 끝을 예각으로 잘라 끼워 감는다.	
8	갈려감기	입상부가 굵고 첫 가지가 굵을 때 세 줄 걸이를 하되 두 줄은 줄기로 가고 한 줄이 일자로 가도록 한다. 네 줄 걸이는 하지 않는다.	
9	막걸이	철쭉, 단풍나무 세지의 경우 U자걸이 또는 자걸이를 하는데 밑자리를 제대로 걸지 않으면 안 된다. (잘못 걸어진 것은 움직이게 됨)	
10	제자리 걸기	줄기가 굵은 나무의 가지를 걸기 위해서 수평으로 철사가 지나가면 줄기의 선이 잘리게 되어 미관상 흉하다. 중소품에 하곡을 넣으려고 할 때 이 방법을 시도한다. (기술이 필요함)	
11	틀어감기	가지의 일지는 반드시 외방에 두어야 하고, 병행지로 되어 있을 때도 미리 가지를 틀어준 후 감아주면 가지에 무리가 없고 바로 걸 수 있다. (병행지도 호생지로 바꿀 수 있음)	
12	C자 매듭	일반 잡목들은 C자 매듭을 한다.	
13	O자 매듭	소나무, 철쭉, 진백 등 끝송이가 있는 품종은 모두 O자 매듭을 한다.	

※참고 · 정지시整枝時는 파장곡波長曲 금기禁忌
　　　　-가지는 측면에서 볼 때 파장곡이 되면 안 된다.
　　　· 직지불미直枝不美, 일촌만 좌우곡삼차 一村彎 左右曲三次
　　　　-가지의 곡은 최소 3차 곡은 있어야 한다.

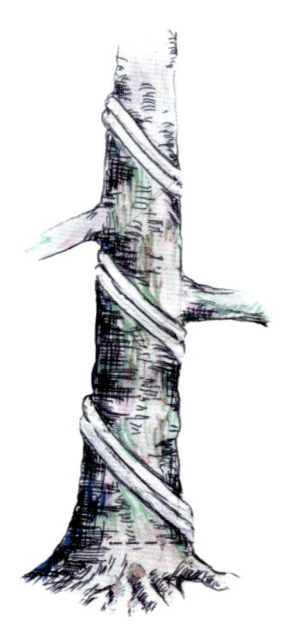

|그림1| 우로감기
일반적으로 우로감기를 한다.
철사의 각 45°

|그림2| 좌로감기
좌측으로 휘려할 때만 좌로감기 한다.

|그림3| S자걸이
가지와 가지로 감는데 밑자리의 상황에 따라 즉, 먼저 걸어진 철사를 따라서 우측과 좌측이 위로 먼저 감아갈 때가 있다.

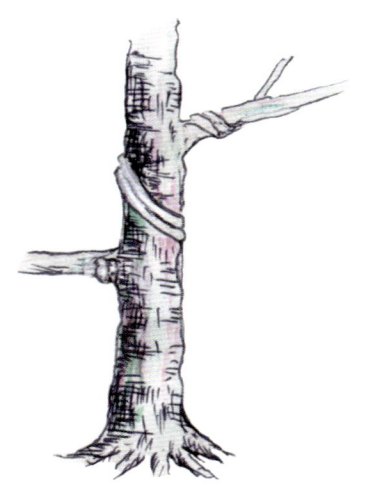

|그림4| 낚시걸이
밑자리가 마땅치 않고 먼 곳에서 밑자리를 만들어야 할 경우

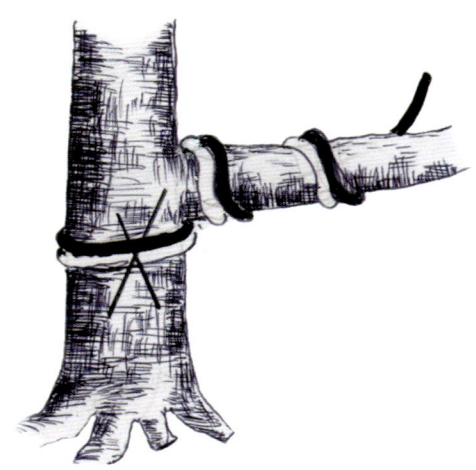

|그림5| 수평걸이
굵은 줄기에 수평으로 철사가 지나가면 보기 흉하다.

|그림6| 줄 걸이
두 줄걸이를 하여도 힘이 부족하면 줄걸이로 보완한다.

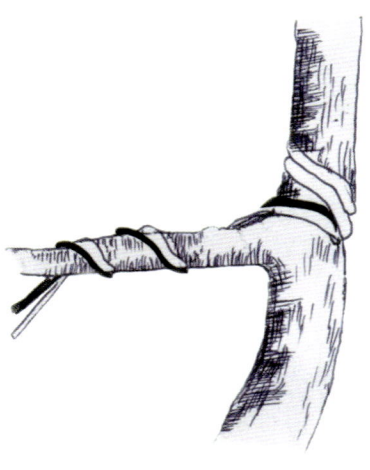

|그림7| 끼워걸이
밑자리가 마땅치 않을 때 벌어진 틈 사이에 꽂아서 걸이한다.

|그림8| 갈려감기

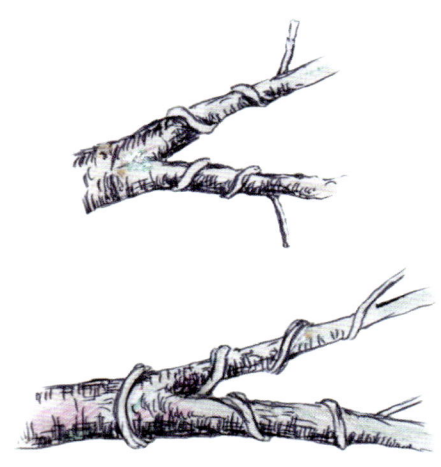

|그림9| 막걸이

가지와 가지를 감을 때 막걸이와 S자걸이는 밑자리의 상황에 따라 위에서 걸때와 아래서 걸때가 있다. 먼저 걸린 철사와 동일한 방향으로 밑자리의 판단을 잘 하면 겹치지 않는다. 막걸이와 S자걸이, 걸쳐걸이는 잔가지에 많이 쓴다.

지렛대의 힘

|그림10| 제자리 걸기

철사의 끝은 반드시 가지 위쪽 중심에 있어야 한다. 굵은 줄기에 수평으로 철사가 지나가면 보기 흉하다. 중소품에 하곡을 넣으려 할 때는 밑자리의 역할을 해주는데 화분의 흙에다 밑자리를 하면 안 된다.
버티는 힘을 응용하면 아래로 휘어진다.(지렛대의 원리)

|그림11| 틀어감기
병해지의 경우 미리 가지를 틀어주고 감으면 호생지로 된다.

|그림12| C자매듭
일반 잡목은 모두 C자매듭으로 한다. 철사를 직각으로 휘어서 아래로 반원하여 하향한 자리에서 자른다.

|그림13| O자매듭
O자매듭은 끝송이가 있는 나무에 한다. 잎의 바로 밑에 직각으로 휘었다가 둥그스런 O자를 만들고, O자는 끝송이 목을 조르면 안 되고 약간 사이를 두어야 하며, 자르는 곳은 가지의 정 위에서 자르되 × 표가 안 되는 자리에서 약간의 공간을 두고 자른다. 다음 가지를 정리할 때는 O자가 돌아간 자리를 니퍼로 집어서 O자가 수평이 되도록 하면 끝잎은 각각 45°로 서게 된다.

철사걸이의 올바른 방법

1) 철사걸이시 주의 해야 할 점
가지의 철사걸이 방법 중 꼭 이차적으로 주의해야 할 점은 원가지巾枝, 옆가지子枝, 잔가지孫枝의 경우 아래 〈그림1,2〉와 같이 밀려 감기(S자걸이, 막걸이)와 앞으로 당겨서 감는데, 이중 〈그림1〉과 같이 걸어 주는 것이 물리적으로도 타당하다. 일반적으로 가지는 예각으로 되어있는데 이를 둔각으로 벌려 주려면 미는 방향이어야 한다. 앞으로 당겨서 감으면 절대 안 된다. 〈그림2〉

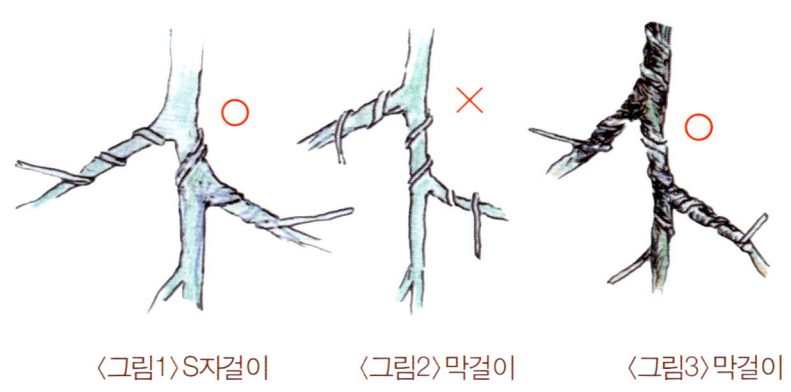

〈그림1〉S자걸이 〈그림2〉막걸이 〈그림3〉막걸이

2) 철사걸이의 자세
철사걸이를 할 때는 먼저 나무 정면을 자기와 정면으로 바로하여 원 줄기幹를 걸고 다음 옆 가지를 걸 때 분을 돌려서 가지 끝이 자기의 가슴과 마주하여 좌와 우를 걸게 되는데 자세가 흐트러지면 위의 〈그림2〉와 같은 작업이 잘 안되며, 좌우 가지를 밀어 감는 것은 습관화되어야 한다〈그림 1,2〉. 분재작수의 모든 과정이 올바른 자세를 취하지 않으면 좋은 결과를 얻지 못한다.

3) 철사걸이용 니퍼 사용
철사걸이용 도구는 니퍼를 사용하면 여러모로 작업이 용이하다. 이 방법 또한 권하고자 한다.(니퍼 사용법 별도 설명)

6장

월별 분재 관리

1월의 분재 관리

1월 중의 우리나라 기후는 연중 가장 추운 달로 북서풍의 계절풍이 불어오며 대륙성 기후가 나타나게 되어 한파와 폭설까지 동반하여 엄동설한이라고 한다. 중부 지방은 영하 1~5℃가 평균 기온이나 가끔 영하 10℃ 이하까지도 내습하는 경우가 있으므로 동해에 특히 유념을 하는 때이기도 하다.

모든 식물들은 제각기 동면기에 들어갔으나 동화冬花로서 매화와 장수매는 1월 중순경부터 꽃눈이 깨어나는 징후를 보이며 장소에 따라서는 하순경에 꽃을 감상할 수가 있다. 매화는 춘, 하, 추까지는 눈에 띄지 않는 수목 상태였으나 한파에도 불구하고 꽃망울이 더러 나오기 시작하므로 기간재배其間栽培했던 심기가 새로워지는 짜릿함을 맛볼 수 있는 좋은 시기라고 할 것이다.

송백류들 중 삼杉나무, 진백, 두송 등은 서리를 맞은 뒤부터 잎의 색이 검붉게 짙어지지만 잘 살펴보면 원기를 가지고 잠을 자고 있음을 알 수 있고 잡목들의 눈을 보면 제각기 동아冬牙의 풍부한 노력과 섬세한 잔가지의 운치는 잡목의 자태를 실감케 하며 한수의 참모습을 충만하게 감상할 수 있는 절호의 기회라 하겠다.

[이 달의 작업]

모든 잡목들은 동면冬眠 중이어서 무리한 철사걸이나 전지 사리간 만들기 등의 작업에 아주 좋은 시기이나 상순경에는 가벼운 작업을 하고 하순부터는 과감한 작업을 할 수가 있다. 다시 말하면 초순, 중순에는 강한 추위로 동해의 우려가 있으므로 사리의 조각은 깊게 파는 것을 피하며 주간 교정도 무리한 곡을 피하였다가 하순 이후~2월에 재차 작업을 하는 것이 바람직하다. 사리간에 석회유황합제 원액을 발라 주는 데 있어 금년에 조각한 나무에는 절대로 유황을 바르면 안 된다. 일년간 완전 건조시킨 다음 곱게 사포질을 해주고 발라야 한다.

기타의 작업으로는 낙엽이 되지 않고 있는 나무는 모두 제거할 것이며 분에 잡초나 낙엽 등을 모두 제거해 주고 분도 닦아주어 청결하게 해 주도록 한다.

2월의 분재 관리

입춘은 봄의 첫 소식을 전해주는 날이다. 그러나 한파가 다 간 것은 아니며 때로는 영하 10℃ 이하까지 되는 강한 추위와 눈보라가 치기도 하는 변덕스러운 날씨라서 분재 관리에 방심해서는 안 되는 때이기도 하다. 왜냐하면 엄동설한을 잘 지내고도 급변하는 한파에 동해를 입는 경우가 많기 때문이다. 특히 2월은 한수寒樹의 감상기라 하여 연중 관리 배양한 분목들의 참 모습을 충분히 관찰할 수 있는 시기라는 점이다.

한수라 하면 일명 나목木裸이라 불리기도 하는데 잡목들은 잎이 있으면 속이 보이지 않기에 즉 옷을 입고 있어서는 나체미의 감상을 할 수 없듯이 한수를 감상할 수 없게 된다. 또한 2월에는 꽃 중의 꽃 매화나무의 꽃과 그윽한 향은 만인의 심금을 달래 주는 때라 할 것이며 분재의 도에 입신하면 심연心然적으로 한수의 진가를 음미하면서 사색에 빠지게 되는 것이다. 다시 말해 자연의 섭리와 진리를 깨치고 이치를 깨닫게 된다는 것이다. 2월에 한수를 감상하는 비근한 예로 일본에서는 1934년에 제1회 국풍전을 2월에 개최한 이후 현재까지 전통을 가진 전시회를 개최하고 있다.

1. 가지치기

2월 중에 가지치기나 가지솎음(전지) 등을 하는 나무는 해송, 육송, 진백, 주목, 소사, 모과, 매화 등이다.

2. 철사걸이

적합한 수종으로는 해송, 육송, 오엽송, 주목, 진백, 매화(꽃이 진 뒤), 명자, 소사, 철쭉, 장수매 등이며 연중 가장 좋은 시기이다.

3. 조각

휴면기 중인 2월은 조각을 할 수 있는 달이기도 하다. 분목에서 신지神枝 만들기는 죽은 가지를 이용하기에 연중 아무 때나 할 수 있으나 사리간을 만들기 위해서는 휴면기인 2월이 가장 적합하다고 할 수 있다. 사리간을 만들기는 안목과 경험 그리고 기술이 뒤따르지 않으면 안 되는 작업이기 때문에 초심자는 많은 견문과 수련을 쌓아야 한다.

4. 잎 뽑기

2월 중에는 소나무의 잎뽑기를 해야 한다. 잎뽑기를 하여 수세의 조절도 하거니와 잎뽑기를 한 나무의 봄눈은 아주 건강하게 자라나게 된다. 잎뽑기 요령은 2월을 상, 중, 하로 나누어 상은 3~4잎, 중은 5~6잎, 하는 7~8잎을 남기고 뽑아주며 약한 눈은 뽑지 않는다.

5. 물 주기

관수에 유의하여야 하는 시기이다. 무심코 4~5일 방치했다가는 메말라 죽는 경우가 생기기 때문이다.(특히 아파트에서는 수분과 습도 관리에 특별히 유의해야 함)

6. 충해의 예방

석회유황합제액을 20배 물에 타서 살포해 준다.

3월의 분재 관리

 3월초는 경칩이 오며, 월초에는 평균기온이 3~4℃ 되어 해빙기가 시작되며 대동강의 얼음도 녹아 봄기운이 완연하여 지하에 있는 온갖 벌레들도 꿈틀거리며 해충들도 차차 활동을 시작한다. 황사현상이 점차 심해지고 꽃샘추위와 늦추위가 있으므로 피해에 각별한 주의가 요망된다.

1. 송백 종류의 가지치기와 철사걸이
 해송, 육송, 오엽송의 묵은 잎 따기는 물론 불요지의 전정과 병행해서 철사걸이 및 수형 고르기 등의 작업에 좋은 달이다. 특히 송백류는 단번에 작업이 끝나 완성목이 되는 것이 아니므로 단계적으로 가지치기와 철사걸이로서 교정 등을 거듭해 나가면서 개작 또는 수격을 높여 나가야 하므로 꾸준한 관찰과 노력이 필요하며 계절과 나무의 성질 등에 비추어 3월의 작업은 아주 좋은 때이다.

2. 잡목의 작업
 초봄의 작업으로서 잡목류는 완성목일지라도 새눈이 트기 전에 완전한 전정을 해야 한다. 신아가 돋아난 이후의 잎이 퍼질 것을 예상하여 그 수격에 알맞도록 도장지, 역지, 병행지, 입지 등 갖가지 불요지를 전정하고, 수피가 매끄러운 나무는 솔로 깨끗하게 닦아준다.

3. 매화나무
 꽃이 지고 난 후의 전정은 매우 중요한 작업이다. 지나치게 꽃이 많이 피었던 가지에는 가지의 세력이 꽃에 많이 빼앗기기 때문에 새 잎이 잘 나오지 않는 부분이 여러 곳에서 발견된다. 이때에는 전정을 하지 말고 농도 짙은 수비를 4~5배로 희석하여 시비하였다가 4~5일 후에 다시 옥비 또는 옥비가루를 뿌려주고 3월 중순경에 확실하게 새눈이 힘차게 돋아나게 되므로 이때에는 전지를 해야 한다. 또한 사지糸枝는 약해서 꽃눈이 형성되지 않으므로 기부에서 잘라버린다. 매화의 분갈이는 다른 수종과 다른 점이 있다. 거두어 두었던 옥비를 잘게 깨서 마사와 혼합하여 사용하면 좋은 효과를 볼 수 있다. 이와 같이 분갈이한 나무는 15~20일 후 새로 자라는 백근이 연한 비료를 바로 흡수함으로써 활발한 생육을 하게 된다.

4. 철쭉

왜철쭉 가꾸기에 아주 중요한 작업으로서 그 하나는 철사걸이다. 이달은 철쭉의 철사걸이에 아주 좋은 달이다. 여름철과 달리 잎이 무성하지 않아서 속가지도 잘 보여 불요지도 정리하기가 용이하며 줄기에도 유연성이 있어서 철사걸이에 적합하다. 철쭉은 송백과 같이 끝송이가 있는 나무이므로 100% 끝가지 걸이를 하는데 필히 0자 매듭걸이를 해야 한다.

5. 분갈이

봄철 작업 중에 가장 중요한 것은 분갈이다. 분갈이를 대별하면 대작은 3~4년, 중품은 2~3년, 소품은 1~2년이나 꽃나무류는 매년 분갈이를 하는 것으로 되어 있다. 송백류는 눈이 움직이기 시작한 때가 좋고 잡목류는 눈이 겨우 움직이거나 잎이 벌어질 때가 가장 좋으며, 꽃나무는 꽃이 지고 난 직후가 가장 좋은 때로 구분하고 있다. 분갈이의 목적은 산성화된 토양을 교체해 주고 토양 속의 미생물의 번식을 꾀하고 배수불량을 개선하여 통기성을 높임과 동시에 수근이 신장되어 분 둘레에 꽉 차있는 세근을 제거하고 백근의 신진대사를 목적으로 하고 또한 분의 형태, 색채, 대소 등과 수종과의 조화를 둘째 목적으로 한다. 분갈이할 나무는 1~2일 정도 건조시켰다가 뿌리의 흙을 2/3가량 조심껏 털어내고 식재함이 통상이다.

6. 관수

물주기 요령은 1일 1회면 충분하며 엽수는 배양상 큰 효과가 있다.

7. 병충해

3월에는 별로 해충이 활동하지 않는다. 석회유황합제를 20배 희석하여 분무해 주면 효과가 있다. 춘분(3월 20일) 전후부터 살충제 살포 및 분의 청결에 유의한다.

4월의 분재 관리

4월 5일은 한식寒食(한식은 금화禁火의 날이라 찬밥을 먹어 왔다는 데서 유래된 말)이며 식목일이다.

외기는 4~10℃로 온화한 날씨이며 춘화기春畵期이다. 3월에 분갈이를 다 못한 것은 4월 중순까지는 완료해야 바람직하며 분갈이의 요령을 잘 숙지하여 실시한다.

1. 송백류의 봄맞이

오엽송은 겨울에 입은 때깔에서 군색이 매일같이 그리고 물을 줄 때마다 더욱 선명한 녹색으로 변한다. 진백이나 두송, 삼나무 등은 서리를 맞아 적화색으로 되었던 것이 녹색으로 변해간다. 특히 두송은 신아가 나오며 하우스 안에서는 낮의 온도가 25℃ 이상까지 오르므로 해송과 오엽송의 신아가 크게 신장하기 시작한다.

(신아가 신장을 보이지 않는 것은 동해의 염려가 있다.)

분갈이와 동시에 썩은 뿌리를 잘라내고 엽수를 자주 해준다.

또는 면충이 눈에 하얗게 붙어 있는 것들도 신아가 신장하지 못하니 기계유제를 살포하면 된다.

2. 잡목류의 봄맞이

한수의 조용한 자태에서 강한 풍정을 나타내는 것은 잡목들의 생동적인 신아의 변화이다.

봄꽃은 목련부터 시작하여 벚꽃, 명자나무 등으로 이어져 가고 단풍나무의 싹눈이 홍색을 드러내며 잎이 시기로 벌어지면서 녹색으로 변하는 모습은 신선과 비교할 바가 아니다.

3. 분갈이의 시기

분갈이의 시기는 나무가 동면에서 깨어나 성장활동을 시작할 전후로 눈은 움직임이 보이거나 시작할 때까지의 기간으로서 3월 중순에서 4월 중순까지 1개월 동안이다.

4. 용토=분갈이 할 때 주의할 점

- 원래의 토질과 동일한 토양을 사용하는 것이 안전하다.
- 해송의 분갈이는 2/3 이상의 흙을 갈아 주어도 무방하다.
- 잡목이나 철쭉은 한 번에 흙을 갈아 주어도 무방하다.
- 뿌리혹병이 발생하는 수종은 매화, 명자나무, 장수매 등
* 뿌리혹병이 발생하는 수종은 가을에 분갈이하면 예방되며 흙을 완전히 제거하여 물로 씻은 다음 혹병이 있는 뿌리는 제거한 다음 식재한다.

5. 물 주기

4월 초부터는 비닐하우스(옥내)일 경우 바람이 강한 날에만 1일 2회 관수하며, 옥외에서는 오전, 오후로 나누어 관수한다.

6. 새순 따기

봄철에 나오는 눈은 부드러우면서도 우람한 힘을 가지고 있다. 눈이 뻗어남에 따라서 적아摘芽는 계속되는 작업이다.

느티나무, 단풍나무 등의 눈따기는 1차는 4~5마디에서 두 눈 남기고, 2차 눈은 잎이 피기 전에 수시로 따낸다. 관엽에 해당하는 수종은 두 눈 남기기가 요결이다.

상화常花=꽃나무의 눈따기는 가지와 잎이 충실해지는 7~8월이면 엽병(잎줄기) 겨드랑이에서 꽃눈이 형성된다. 따라서 화목류는 이상과 같은 점을 고려하여 막 자라는 일부의 가지 끝을 약간 따서 신장을 멈추게 하고 부정아만 따 준다.

7. 시비

거름 주기는 4월부터 시비하는데 초비는 액비를 묽게 하여 1~2회 주고 난 다음 옥비로 시비한다. 매화, 명자, 해당, 아카시아, 벚꽃 등은 4~5월에 집중적으로 시비한다. 송백에는 옥비를 주고 화목류에는 깻묵가루나 옥비를 부스러뜨려서 주면 효과적이다. 15일에 1~2회씩 주면 더욱 좋다. 간간이 수비도 준다.

8. 병충해

- 진딧물은 무시충과 유시충이 있으며 종류가 수십 종에 달한다.
- 식물의 새순이나 어린잎 뒷면에 붙어 즙액을 흡수 가해한다.
- 그을음병을 기생시킨다.
- 봄부터 여름까지는 개미, 가을에는 유성 번식하여 월동한다.
- 약제로는 메타시톡스, 피라모수화제, 오트란, 다이지스톤 등이 있다.(종합살충제도 유효함)

5월의 분재 관리

5월이 되면 잡목류는 감상할 여유조차 없이 바쁘게 그리고 세심한 주의로 순따기를 계속하여 세력의 균형을 이루게 하여 강약이 없도록 하며 새순치기도 고르게 해야 한다.

송백류는 이 무렵부터 눈이 터져 나오는 힘의 강약을 조정하는 눈따기를 계속하는 것이 중요한 작업이다. 두송과 진백 등의 눈따기는 자라는 정도에 따라 행한다. 두송은 2단으로 나누어 따주고, 주목은 3단으로 나누어 따준다. 봄에 눈이 터져 나오는 것은 가을에 흡수하여 축적했던 양분에 의하여 이루어지므로 4~5월의 시비는 신소의 발육에 중요한 양식이 된다.

봄맞이 꽃나무들에 대해서는 꽃을 피울 때 소멸시킨 양분을 다시 공급해 주는 시기가 5월의 시비이며, 아울러 다음해 다시 꽃을 피우기 위한 준비의 기초가 시비이다. 그러므로 5월의 시비로 영양분을 흡수하여 충실한 꽃눈이 붙게 된다는 점을 유의해야 한다. 또한 다른 수종 역시 건강한 상태를 유지하기 위해서 활동력이 한창일 때에 영양분을 잘 공급해 주는 것이 필수 조건이므로 5월은 연중 가장 많은 시비를 해야 하는 시비의 달이다.

1. 꽃분재의 눈따기

일반적인 분재는 4월부터 눈따기를 하는 것이 통례이나 매화 종류, 영춘화, 꽃석류, 벚꽃나무, 명자나무, 해당화, 기타 꽃나무 등은 눈따기를 해서는 안 된다. 위 화목류는 다른 수종과 같이 두 눈 따기를 하든지 수형을 보고 새가지를 자르면 꽃눈 분화가 안 되므로 5월에는 눈따기나 가지치기를 금하고 도장지에 한하여 끝눈 접기를 가볍게만 해 둔다.

2. 단풍나무

5월 중순경이 되면 도장지도 거의 없어지고 눈따기도 하지 않아도 될 정도가 된다. 다만 엇 자란 것만 약간 잘라주면 된다. 두 번째의 눈이 자라오지만 그대로 두었다가 잎 자르기할 때에 눈따기를 겸하는 것이 좋은 방법이다.

3. 소사나무

비교적 가지가 가늘고 충실해지는 것이 늦어지므로 힘이 붙은 다음에 눈따기를 한다. 모든 싹 눈이 다 자랄 때까지 기다렸다가 긴 것은 20cm 정도로 수세에 따라서 강한 가지는 한 눈 남기고 자르고 일반적인 가지는 두 눈 남기고 딴다. 잎이 2~3개인 가지는 그대로 둔다. 잎 자르기는 6월 10일경에 하는 것이 좋다.

4. 느티나무

잎자루를 5월 중순에서 말까지 꼭 따야 한다. 6월이나 7월에 잎 자르기를 하면 잎이 고르게 나오지 않는 특성이 있다.

5. 매화나무

도장된 가지가 충실해져서 장마가 끝날 무렵에 꽃눈이 개화된다. 이달의 배양은 나무에 세력을 집중시켜서 꽃눈의 기초를 만들어준다. 지나치게 도장한 것만 끝을 가볍게 접어주는 정도로 하고 눈따기는 하지 않는다. 5월 중순에 잎따기를 한다. 해당화, 낙산홍 등 열매 나무도 같은 요령이다.

6. 철쭉나무

꽃이 피기 전에는 눈따기를 금한다. 다만 꽃순 사이의 눈은 따주어야 꽃이 제대로 핀다. 따라서 지나치게 자란 순만 경우에 따라 한정적으로 딴다.

7. 석류나무

6월 하순부터 7월 상순에 꽃을 피우며 5월에 새눈 끝에 꽃봉오리가 붙는다. 그러므로 부분적인 도장지를 볼 수 있으나 도장지를 자르면 꽃눈을 가져야 할 다른 가지에 꽃이 피지 않는다.

8. 잎 자르기

5월 하순경에는 잎 자르기 할 시기이다. 수종에 따라서 다소 차이는 있지만 단풍나무, 느티나무 등의 잎 자르기는 5월 하순에서 6월 초순까지 실시하되, 강한 가지는 한 잎눈을 남기고 약한 가지는 두 잎눈을 남기는 것이 상례이다.

9. 과목류의 가지솎기

열매나무는 5월 중에 가지 소기의 작업을 한다. 불필요한 부정아를 모두 따준다. 피라칸사, 애기사과 등 열매가 많이 달리는 수종은 2/3 정도 따주어야 한다. 감상 가치도 있거니와 고사지枯死枝도 안 생긴다.

※ 배나무와 애기사과는 3년지에서 결실한다.

10. 철사걸이

잎 자르기를 한 나무나 매화, 사과 등 낙엽수의 신초에 대한 철사걸이를 하는 적절한 시기이다. 5월은 나무가 연중 가장 많은 활동을 하는 때라 이때 철사걸이(새 가지)를 하면 수형도 빠르게 잡히는 것은 물론이며 가지가 굵어지는 것도 빠르기에 1개월 내에 철사를 꼭 풀어 주어야 한다.

11. 분갈이

3, 4월이 분갈이의 달이라면 5월은 배양의 달이다. 분갈이를 못했던 잡목류로 잎 따기를 한 것은 분갈이를 해도 무방하다. 꽃이 끝난 철쭉류 등도 가지치기한 뒤 분갈이를 할 수 있는 가장 좋은 적기이다. 삼나무나 송백등도 첫 번째의 눈따기를 한 다음 분갈이 하는 것도 연중 가장 적절한 시기이다. 석류나무, 동백나무의 분갈이는 5월에 하는 것이 안전하며, 3~4월에 분갈이를 하면 잔가지가 시들어 버리는 경향이 있다.

12. 취목과 삽목

5월이나 6월에 해야 할 작업 중의 하나가 취목이다. 습도가 높고 기온도 적절한 장마철이 호기이지만 5월 중순 이후는 수세가 충실하므로 취목을 시도하는 것이 바람직하다. 느티나무, 단풍나무, 은행나무 등은 취목율이 높은 수종이다. 취목 방법은 파형상波形相이 발근 후의 상태가 가장 좋다. 삽목은 새로 나온 삽수에 묵은 가지를 조금 붙여야 삽목이 잘 된다.

13. 관수

　5월은 증산 작용과 흡수작용이 날로 더해 가는 시기임으로 특별한 주의를 요한다. 특히 매화나무는 마르는 기미가 잦아야 꽃눈의 분화가 잘 되므로 1일 1회의 물주기를 한다.

[이 달의 작업]

수 종	물주기	시비	요 령
해 송	조석	옥비	도장눈을 꺾어준다.
			취목한다.
오엽송	〃	〃	도장눈을 꺾어준다.
			새눈을 1cm 정도로 꺾어준다.
			취목한다.
적 송	〃	〃	해송처럼 단엽한다.
진 백	〃	〃	수시로 눈집기한다.
단 풍	〃	〃	신소를 계속 눈집기하고 통풍이 잘 되도록 한다.
느 티	〃	〃	신소를 2~3잎 남기고 방향을 보고 자른다.
소 사	〃	〃	신소를 2~3잎 남기고 방향을 보고 자른다.
은 행	〃	〃	엽수는 하지 않는다. 2~3잎 남기고 자른다.
담쟁이	〃	〃	7~8마디 자라면 2마디 남기고 자른다.
매 화	〃	〃	5월 10일까지 2~3잎 남기고 자른다.
명 자	〃	〃	1~2잎 남기고 자른다.
해 당	〃	〃	
철 쭉	〃	〃	꽃이 진 뒤 철사걸이 및 2잎 남기고 자른다.
등나무	〃	〃	순치기 한다.
			접목한다.
동 백	〃	〃	순치기 한다.
			접목한다.
애기사과	〃	〃	6월에 한다.
모 과	〃	〃	신소가 갈색이 된 후 한다.
피라칸사	〃	〃	도장지는 순치기를 한다.
두 송	〃	〃	수시로 신소를 손으로 뽑는다.

꽃눈 개화기

수종	분화기	꽃눈이 생기는 위치	수종	분화기	꽃눈이 생기는 위치
매화나무	8월 상순	곁눈	명자나무	9월 상순	곁눈
벚나무류	7월 상순~8월 상순	곁눈과 꼭대기눈	철쭉꽃	7월 상순~8월 상순	꼭대기눈
산사나무	7월 상순~8월 상순	꼭대기눈	치자나무	7월 중순~8월 하순	〃
애기사과	7월 상순~8월 상순	곁눈	목련	5월 상순~중순	〃
모과나무	7월 상순~8월 상순	〃	등나무	6월 중순~하순	곁눈
심산해당	7월 상순~8월 상순	〃	찔레나무	4월 상순~중순	곁눈과 꼭대기눈
수사해당	7월 상순~8월 상순	〃	싸리나무	7월 상순~8월 중순	〃
석류나무	7월 상순~8월 상순	〃	산수유	6월 중순~7월 하순	곁눈
애기석류	7월 상순~8월 상순	〃	흑송	7월 중순~하순	〃
배롱나무	6월 상순~하순	〃	삼나무	7월 상순~8월 상순	〃
낙상홍	4월 중순~하순	〃	낙엽송	7월 상순	〃
홍자단	10월 상순~하순	〃	무궁화	5월	곁눈과 꼭대기눈
위성류	9월 중순~10월 상순	〃	산당화	6월 하순	곁눈
〃	5월 상순~하순	〃	서향나무	7월 상순	꼭대기눈
황매	7월 상순~8월 상순	〃	배나무	6월~7월	곁눈 3년지
참빗살나무	8월 상순~9월 상순	꼭대기눈	사과나무	〃	눈 3년지
피라칸사	11월 상순~3월 상순	곁눈	사과나무	〃	곁눈

6월의 분재 관리

6월도 5월 못지않게 분재관리에 대단히 중요한 달이다. 기온도 높고 습도가 많으며, 일광을 받는 시간도 연중 가장 많으며 분목의 어린잎들은 많은 동화작용으로 광합성이 이루어지는 달이다.

☞ 식물의 잎이 공기호흡하며 잎의 엽록소는 태양의 빛을 받아 뿌리에서 흡수된 수분과 공기중의 광합성작용을 하여 탄수화물을 생성(탄소동화작용)한다. 탄수화물은 체관을 통하여 뿌리까지 이동하여서 식물이 생육된다.

1. 삽목

꺾꽂이의 일반적인 것은 왜철쭉이며, 꽃이 진 후 가지치기가 필수이고 병행해서 잎자르기와 동시삽목의 시기이다. 삽목 요령은 신소 즉, 새순으로도 활착되지만 2년지를 조금 붙이면 더욱 확실하게 발근된다. 쌍간용은 7cm, 삼간용은 8cm, 단간용은 10cm 정도의 길이로서 하부의 잎을 2~3지 따서 서로 잎이 닿지 않을 정도로 세사細沙 또는 질석, 수태혼합토 등에 삽목하며 일반 잡목도 이와 같은 요령으로 한다. 고농도침적법에서 발근촉진제나 알콜 50%에 용해하여 기부 2cm 정도를 2~3초간 침지한 다음 삽목한다.

2. 취목

취목의 시기로 알맞은 때이므로 취목할 부위를 환상박피하고 아래로 내려오는 탄수화물을 도중에서 멈추게 하여 발근하는 방법으로 일반적인 방법이다.

3. 해송의 단엽

해송이나 육송의 감상을 목적으로 잎을 짧게 하는 방법을 단엽법이라 하며, 6월 하순에서 7월 초순 내에 실시한다. 그러나 수세가 약하거나 노목은 다소 빨리 순자르기를 하고 수세가 강하거나 어린나무는 1주일 정도 늦게 순자르기를 하는 등의 주의가 필요하다. 또한 순이 약하다 해서 방치하면 도장해 버린다. 그리고 큰 가지 끝에 남겨두었던 가지나 꼭지에 남아 있던 순들은 앞서 따낸 자리에서 소립小粒의 눈이 약간 보이기 시작할 때 모두 따준다. 물주기도 절아切芽 이후에는 상태에 따라 다소 감량하고 옥비는 모두 제거한다.

4. 송백, 잡목의 순자르기와 순따기

주목, 두송, 소사나무류 등은 두 번째 눈이 계속 빠르게 자라기 시작한다. 첫 번째 눈따기 요령으로 적아摘芽 작업을 계속한다. 6월 중순이나 7월 상순에 순자르기나 잎자르기를 할 나무는 예정일 2주 전에 속효성비료 즉, 화학비료를 뿌려주든가 옥비가루를 조금 뿌려주면 효과적이다.

5. 왜철쭉

왜철쭉은 꽃 감상에 일품이다. 왜철쭉의 꽃잎은 99%가 수분으로 되었기에 햇빛은 1일 2시간이면 충분하다. 시원한 그늘에다 두고 해가 지면 밖에 내놓는다. 꽃이 피는 기간에는 물이 꽃잎에 닿지 않도록 주의하고 꽃이 시들면 꽃자루와 열매까지 모두 따주고 꽃이 다 진 뒤에는 전지를 꼭 해야 한다. 이 작업은 왜철쭉에 있어서 필수작업이다. 왜철쭉은 비교적 수세가 강해서 부정아도 많이 발생한다. 이를 그대로 두면 수세의 균형이 깨지며 다음 해 개화도 고르지 않게 된다. 6월 중순경부터는 원칙적으로 새순이 5개가 나온다. 이 중에서 좌우 V자형으로 두 개만 남기고 떼어낸다. 그러나 수형상의 목적으로 상태에 따라 두 잎 남기는 일도 있다. 단 왜철쭉은 정아우세頂芽優勢 원칙의 반대성 나무이기에 상부위의 가지솎기나 가지치기는 이 점을 고려해서 가볍게 전정한다. 또한 연중 가지의 유연성이 가장 많은 시기이므로 철사걸이를 병행 실시한다.

6. 애기사과

애기사과는 2월 하순에서 3월 상순 사이에 아그배나무(해당화)를 태목台木으로 하여 접목 배양된 나무이다. 애기사과의 가지치기는 단과지短果枝와 주장지走長枝가 있다. 단과지의 눈이 갈색으로 변할 무렵까지 그대로 주장하였다가 6월 중순 이전에 주장지를 자르는데 단과지는 짧은 가지 끝에 잎이 5~6지 붙어 있고 꽃눈이 있으며, 주장지는 잎이 호생으로 붙어 있다. 전지는 주장지를 3~4지를 남기고 자른다. 바짝 자르면 단과지에 힘이 몰리게 되어 엽지로 변한다. 이때 철사걸이도 한다.

7. 시비

과목류는 착과가 확인되고 숙과기에 들어서므로 서서히 추비한다. 화목류는 4, 5월의 시비에 의해서 꽃눈 분화의 준비기가 되므로 수비를 주 1회씩 주도록 한다.

8. 분갈이

6월의 분갈이로는 왜철쭉 외에도 성과가 좋은 나무가 있다. 진백은 4월 상순부터 9월 중순까지는 언제 분갈이해도 무방하다. 단 진백은 6월부터 낙엽기이므로 낙엽 후가 적기이다. 잡목류는 잎자르기와 동시 또는 새눈이 한두 잎 나오기 시작할 때까지는 분갈이해도 된다.

7월의 분재 관리

　7월의 관리는 4, 5, 6월의 배양의 성과보다도 더위와 장마에서 여하히 수목을 보양하느냐에 있다. 하절기의 작업은 지루한 장마가 식물에 있어서 가장 좋은 시기이나 일조 시간의 부족, 높은 온도, 짙은 열기 등으로 인한 장애 또한 심한 때이다. 가장 심한 것은 병충해이며 연중 가장 많이 병해를 일으킨다.

　식물의 내서성耐暑性은 단순히 온도가 높다는 것뿐만 아니라 고온시의 건조(습도)에 크게 영향을 준다. 이때 엽소 현상이 일어나게 되는데 식물의 침근성沈根性은 약하고 잔근성殘根性은 강하다. 그리고 고랭지에서 다른 낙엽수와 혼생하고 있는 수종은 내서성에 약하다.

1. 시비
　7월 장마 중에는 성목에 대해서 시비를 금하고, 배양 중의 분목에는 약한 시비를 하며, 7월에는 관엽 계통의 수종은 해가림은 물론 해가 진 뒤 하이포네스를 주 1회 1,000배 엽비해 주면 효과적이다.

2. 해송
　해송, 적송의 새순 다루기는 3단계의 마지막 작업으로 7월 15일까지 끝낸다. 단엽 후에 새순이 2cm 정도 자라면 좌우로 2순만 남기고 뒤쪽으로 젖히면서 따준다. 이후 남겨 놓은 2개의 순에 새 잎이 5개씩 나온다. 더불어 불요지의 전지도 병행한다.

3. 잡목
　잡목은 계속해서 새순 눈따기를 한다. 6월에 잎따기를 못한 것은 10일 전까지는 꼭 따야 하며 잎따기 한 것은 분갈이해도 된다. 장마철에 의하여 일조량 부족으로 가지가 도장되고 잎이 커지는 현상이 나타나므로 가급적이면 햇빛이 잘 드는 곳에 두고, 계속해서 자라는 가지나 교차지는 가지치기를 하여 불요지를 제거한다. 순치기와 새순 접기를 반복해서 실시하고, 도장지는 철사걸이를 해 준다.

4. 진백

7월에 들어서면서 낙엽이 끝나므로 순따기를 계속하고 가지 솎음도 병행해서 수형을 갖춘다.

5. 철쭉

철쭉은 새순이 많이 나와 있으므로 불필요한 순을 따준다.

6. 유의사항

- 분에 잡초를 제거할 것
- 배수불량에 유의할 것
- 병충해에 유의할 것
- 수형을 갖추어 나갈 것
- 황피질이 아닌 분목은 깨끗이 손질할 것
- 주 1회 시비해 줄 것

8월의 분재 관리

8월은 7월 못지않게 강한 직사광선과 고온다습한 일기에다 강풍우와 각종 해충까지 동반하여 분목들은 많은 시달림을 받고 있으므로 고산성이나 냉한성들은 서늘하고 통풍이 잘 되는 곳에 두고 석양을 가릴 수 있는 곳에 두며 특히 물이 마르지 않게 하는 등 각별한 주의와 관찰로서 관리에 유의하는 시기이다.

1. 송백류

해송은 엽수하지 않고 진백류는 엽수를 해 주어도 무방하다. 시비는 뿌리도 피로함을 느끼고 있기에 엽비만으로 충당함이 바람직하며, 병해로는 소나무는 새순에 흰가루병이 발생하기 쉽고 일본 진백은 응애가 발생하여 고사하는 일도 있다. 진백류의 나무는 삽목이 잘 되나 차광을 해 주어야 한다. 가지정리는 고엽은 모두 따주고 가벼운 철사걸이로 교정도 하며 불필요한 가지치기도 해준다.

☞ 주, 병충해는 응애이며, 약품으로는 칼센, 마이카트, 트리치온 등이 있다.

2. 잡목雜木과 화과목花果木

이 시기에는 꽃나무 열매의 화아花芽 분화 및 단과지甲果枝의 꽃눈이 형성되는 시기이므로 관수는 충분히 하고 한낮에는 엽수를 금하며, 석양에 엽수한다.

병충해는 흰가루병의 발생이 심하며 그 번식도 빠르므로 발견 즉시 약재를 산포한다.

☞ 주: 병충해는 응애와 진딧물이며, 진딧물은 메타시톡스, 피라모수화제, 다이제스탄 등이 있다.

3. 잡화목의 삽목

삽목의 방법에는 녹지삽錄枝插, 반열지삽半熱枝插, 열지삽熱枝插, 휴면지삽休眠枝插, 단간지삽甲幹枝插(15cm 이하), 장간지삽長幹枝插(15cm 이상) 등 여러 가지 방법이 있다.

삽목의 적온은 25℃~30℃ 에다 70% 차광을 해 주고 분무를 자주하여 습도를 높인다. 삽수插樹는 알콜 50%액으로 용해하여 기부基部 2cm~4cm를 침지浸漬하였다가 작업을 하면 효과가 좋다. 어린 신소는 농도를 약하게 한다.

9월의 분재 관리

9월은 일조기간이 짧아지는 계절이며, 기후는 대체로 5월 중순에서 6월 상순경과 거의 같다. 그러므로 모든 분목들은 광합성(탄소동화작용)의 요소가 되는 일광이 짧아지므로 성장보다도 충실기가 된다.

1. 눈따기와 가지치기
9월 상순에는 잡목류의 눈따기를 해야 하며 도장지도 전지하여 수형을 바로 잡는다.

2. 오엽송의 묵은 입따기는 가을이 되면 고엽도 황색으로 변하는 자연적인 생리작용이다. 배양관계를 살펴가며 황엽을 따준다. 가지의 장단, 시비, 병충해의 유무 등을 살펴 가며 수형을 정리한다.

3. 철사 풀기
추기에는 수목의 비대기이므로 철사걸이를 한 것은 먹히는 곳이 있으면 풀어준다.

4. 철사걸이
기후적으로 이 시기에 철사걸이를 하면 다소 무리는 가지만 그 뒤 20여 일의 회복기가 있으므로 좋은 시기이다.(오엽송, 두송, 진백 등)

5. 분갈이
가을 분갈이는 9월이 가장 좋은 시기이다. 근두암병이 잘 생기는 나무 오엽송의 분갈이는 8월 하순에서 9월 초순이 적절하며 중순 이후에는 장수매, 명자, 장수락 계통 영춘화, 꽃해당 등이 적절하다.
☞ 근두암병은 흙 속에 살고 있는 선충이라는 벌레가 뿌리에 기생하여 발생하는 병이다.

6. 해송의 시비는 추비에 힘써야 한다. 단엽 처리한 것은 새싹들의 충실기이므로 춘비

의 배를 준다.

7. 열매나무들은 9월을 맞아 더욱 두드러지게 자란다. 모과나무, 애기사과, 낙산홍, 홍자단, 감나무 등은 해충 방제와 물주기에 한층 더 정성을 다해야 한다.

8. 잡목류도 차츰 충실기에 들어간다. 9월 초순의 마지막 눈따기를 해야 한다. 특히 매화, 벚나무 등은 한여름의 고통에 시달려 낙엽이 진 것, 또는 잎이 타버린 것 등이 있으나 엽병葉柄의 밑부분에는 튼튼한 꽃눈이 3개씩 붙어 있다.

9. 시비는 9월 초순부터 10월 하순까지는 각 수종마다 영양을 풍부하게 흡수 보충하는 계절이므로 충분한 시비를 하여야 하며 이는 월동 등을 위한 생존수단이다. 옥비를 주는 것과 깻묵가루를 뿌려주는 것, 수비로 주는 것, 잿물 등으로 시비한다.(하이포넥스 엽비는 효과가 좋음)

10. 물주기는 시비를 하였으므로 시비의 소화를 위하여 수분의 흡수가 활발한 때이니 충분한 물주기를 한다.

10월의 분재 관리

분재 배양에 있어서 10월은 1년간 살아온 분목들을 마지막으로 손질을 해 주는 달이다.

1. 시비 요령

10월의 거름주기는 5월과 같은 기후로 때로는 기온이 올라가고 비가 오면 기온이 떨어진다. 그러나 식물들의 활동에는 아주 좋은 시기이다. 눈이 자라는 것은 거의 멈춰지는 상태이지만 체내에서의 활동은 충실기充實期 즉, 비대기肥大期가 된다. 그리하여 영양의 흡수를 위해 활발한 움직임을 하는 시기로서 이 시기에는 시비를 잘 해 주어야 한다. 공기는 차차 건조해지며 시비의 방법도 춘기나 하기와는 달리 한다. 추비秋肥로서는 옥비만 주면 수분의 흡수가 원활히 이루어지지 않으므로 부순 깻묵과 골분, 잿물들을 혼합 또는 각각 주는 것이 좋다. 옥비는 소립자로 깨서 뿌려주면 더욱 좋으며, 부숙腐熟이 잘 되고 흡수가 용이한 상태로 만들어 주는 것이 효과적이고 모든 수종에 통용되며 월 2회가 적당하다. 단, 철쭉은 산성 토양을 좋아하므로 잿물은 주지 않는다. 옥비는 흡수가 더디므로 완전 부숙된 깻묵 8에 골분 2를 섞어주고 10일 간격으로 수비한다.

☞ 하이포네스 분말은 물 1말에 2g을 희석하여 주면 되고, 액체는 1/1000을 물에 희석하여 준다.

2. 철사걸이

10월은 가지치기나 철사걸이의 시술에 의한 영향을 거의 받지 않는 시기이며 오엽송의 가지 정리에 가장 좋은 시기이다. 일반적으로 철사걸이의 시기는 봄과 가을 2회가 있는데 봄철은 3, 4월이며 비교적 굵고 거친 가지에 적합하며, 신소재 등에도 약간의 무리를 가해도 무방하다. 이와는 반대로 가을의 철사걸이는 끝가지를 정리하는데 적기이다. 봄에는 다소 충격을 받더라도 회복될 수 있는 기후 조건이 갖추어져 있으나 가을의 기후는 비교적 온화하여 나무의 활동은 월동을 위하여 더욱 왕성해지면서 영양의 흡수도 왕성한 때이므로 굵은 가지를 자른다든가 크게 굽히는 작업은 적당치 못하며, 세지걸이에는 아주 좋은 적기가 된다. 주로 상록수에 해당하며 두송과 삼나무는 피한다.

3. 분갈이

근두암종병(뿌리혹병)이 잘 발생하는 명자나무게, 장수매, 애기사과, 영춘화 등은 9월 하순부터 10월 상순까지 분갈이의 적기이다. 진백의 분갈이는 이른 봄이나 장마철이 끝날 무렵이 좋은 시기이나 이보다 9월말에서 10월 중의 분갈이가 더 좋은 효과를 얻을 수 있다고 한다. 용토는 강모래, 마사토가 좋으며 특히 진백은 산성 토양을 싫어한다. 진백을 여름에 분갈이 한 것은 잎이 황색으로 변한다든가 낙엽이 지는 일이 발생하기 쉬운데 가을에 분갈이를 하면 그런 일이 생기지 않고 왕성한 활동을 지속할 수 있어 가을에 분갈이를 하는 것이 좋다. 분은 깊은 것이 조화롭고 바닥에 까는 왕모래는 목탄으로 대용하면 효과적이다.

4. 병충해

10월은 해충들의 막바지 활동기이므로 초순과 상순에 걸쳐 살포한다.
(1차-스미치온, 2차-가루호스 등 근래에는 다양한 약품이 있으므로 문의 후 구입)

5. 관수(물주기)

송백류는 생장활동이 왕성하고 잘 건조해진다. 특히 해송은 12월 초순까지 활동을 계속한다. 10월은 다량시비에 의한 흡수 소화를 위해서 충분한 관수로 소화기능을 촉진케 한다. 잡목류는 엽소현상을 일으킨 것과는 다르기에 이 점 유의하여 관수한다.

11월의 분재 관리

11월은 일광이 짧아지고 북서풍이 강해지기 시작한다. 관수도 차츰 줄여가는 반면 수형을 만들기 위한 철사걸이에도 가장 좋은 때이어서 바쁜 시기이다. 중순에는 따뜻한 날씨가 얼마 동안 계속되어 철사걸이에도 다소 무리가 가해지더라도 회복될 기간이 남아 있다.

1. 해송의 작업

해송, 오엽송은 황엽黃葉 뽑기를 완료한다. 관수와 시비는 해송의 배양에 있어 11월은 가장 중요하며 금년의 마무리 작업이기도 하다. 해송은 대단히 왕성한 나무이기에 많은 시비와 관수를 함으로써 배양의 성과를 얻을 수 있으며, 생장 활동은 12월 중순까지 계속되므로 시비를 충분히 한다. 9, 10월에 옥비로 시비한 것은 수비水肥로써 충당함이 바람직하다. 단 질소질 시비만 과다하게 주면 엽이 연약해져서 적고병赤枯病(붉은잎마름병)을 유발하는 일이 생기므로 뼛가루(인산燐酸)과 카리(잿물)를 꼭 주도록 한다.

비율은 깻묵 6, 뼛가루 2, 잿물 2로 희석해 주면 적당하다.

2. 진백의 작업

진백의 분갈이는 상순까지는 중요한 시기이다. 신소재나 묵은 분은 상순까지 분갈이를 해 두면 이듬해의 배양에 아주 좋은 효과를 갖는다. 진백은 도장하기 쉬우므로 철사걸이에 의해서 정리된 상태로 유지하는 나뭇가지 솎음과 잘라내기 등의 작업과 철사걸이 등의 작업에 아주 좋은 때이다. 또한 진백은 늦게까지 활동을 계속하는 성질이 있으므로 연한 수비나 하이포넥스로 옆면에 뿌려 주면 생육에 크게 효과가 있다.

3. 잡목류

단풍나무는 이제부터 감상기가 되어 잡다한 작업은 이미 끝나 도장지나 전체의 수형을 고른다.

♣ 단풍이 드는 이유는 낮과 밤의 기온 차가 심해지므로 낙엽수의 잎은 점차로 생육 능력이 떨어짐에 따라 잎자루의 밑동에 난층難層이라고 하는 크로크질의 조직이 형성된다.

이층異層이 생겨나면 잎에서 만들어진 탄수화물은 줄기로 이동하지 못하고 그대로 잎 속에 남게 되어 푸른빛을 잃어가고 세포액은 붉게 물든다. 이와 같은 생리작용을 단풍이 물든다고 하며 특히 자외선이 강하게 되고 낮과 밤의 기온 차가 심할수록 붉은 빛은 뚜렷해진다. 잎의 세포액이 붉게 물드는 것은 잎 속에 크리산데민이라는 색소가 만들어지기 때문이며, 이 색소는 탄수화물이 변한 당분이 생기면서 엽록소는 빛을 잃어가고 그 대신 난층으로 인해서 잎 속의 탄수화물의 양이 늘어남에 따라 붉은 색소가 다량으로 만들어지기 때문에 단풍이 드는 것이다. 아쉽게도 실내에서는 공기오염으로 인해서 자외선이 약해지기 때문에 단풍이 잘 안 든다.

♣ 은행나무 잎이 노랗게 물드는 것은 카로티노이드라고 하는 색소의 작용이며, 이 색소는 엽록소와 함께 항상 잎 속에 들어 있다. 이 카로티노이드는 봄~여름에는 1/8 정도를 함유하고 있다가 가을이 되면 엽록소를 만드는 힘이 약해지므로 카로티노이드의 노란 빛이 표면으로 나타나는 것이다. 또한 소사나무, 느티나무 등이 갈색으로 물드는 것은 탄닌이라는 물질이 늘어나기 때문이다.

♣ 낙엽이 지는 현상은 동면을 위한 생리적 준비작용의 하나이며, 엽병葉柄이 코르크질로 변하면서 이층異層이 생기고 탄수화물의 움직임이 차단되면서 잎의 세포와 난층도 같이 말라버리면서 낙엽이 된다. 낙엽이 되지 않은 것은 기온이 떨어지면 이층이 형성이 되지 않아서 낙엽이 되지 않는다.

1. 붉게 물드는 나무 : 단풍나무류, 검양옻나무, 마가목, 화살나무, 낙산홍, 홍자단, 정금나무
2. 노랗게 물드는 나무 : 활엽수, 은행나무, 버드나무, 고로쇠나무, 목백일홍, 느릅나무, 진달래, 때죽나무, 석류나무, 매화나무, 해당화 등
3. 갈색으로 물드는 나무와 낙엽수 : 느티나무, 소사나무, 서어나무, 모과나무 등
4. 관　수 : 송백류는 아직도 활동 중이므로 횟수만 줄이고 오전 급수를 충분히 하고 잡목도 한다.
5. 시　비 : 주로 속효성 액비를 묽게 하여 엽비에 중점을 둔다.
6. 병충해 : 해충이 수피나 잎에 알을 낳았거나 수피에 숨어 동면함으로 살충제를 살포한다. (유황합제, 다이젠 등)

분재의 겨울 보호

■ 월동에 대비한 방한법

같은 겨울이라도 지방에 따라 기후가 달라 온도에도 차가 있으므로 분재의 월동 대책은 지방에 따라 다르므로 엄동이 닥치기 전에 한풍이나 설상에서 보호를 해야 한다.

일반적으로 식물의 줄기나 가지는 보호 조직이 생리적으로 발달하여서 추위에 의외로 강하긴 하지만 뿌리의 방비가 큰 문제이다.

따라서 방한의 방법은 우선 추위에 약한 뿌리를 어떻게 할 것인가부터 생각해야 한다.

● 분을 묻는다.

이러한 점을 고려한 방법의 하나가 분재를 분마다 땅에 묻는 방법이다. 많은 분재를 가지고 있는 사람은 뜰의 양지 바른 곳을 파고 분을 묻어 둠이 효과적이며, 더욱이 지면에 짚을 깔아 쌓기도 하고 북풍을 피하도록 짚으로 쌓아두면 더욱 효과적이다.

● 상자에 넣는다.

소품, 재배 등은 분을 상자에 넣어 두어도 무방하다.

상자에 분을 넣고 그 틈새에 낙엽, 톱밥 등을 채워둔다.

● 바람을 피한다.

비교적 따뜻한 지방에서 야간에 냉기도 그다지 심하지 않아 분재의 분내가 동결되었다 하더라도 태양이 나오면 곧 녹는 정도의 곳이라면 겨울의 북풍만은 막는 대책이 필요하다.

● 서리를 피한다.

분토에 서리가 내리면 뿌리가 떠올라 잔뿌리가 상하며 잔가지가 마르는 원인이 되며 관상의 입장에서도 잎의 동상은 좋은 일이 아니다. 서리를 피하려면 비닐, 방수합판 등으로 분재 상부를 지붕처럼 덮는데 이때 남쪽은 높게 하고 북쪽은 낮게 하여 햇빛이 구석까지

들어오도록 한다.

● 눈을 피한다.

분재에 내려 쌓이는 눈의 무게로 가지가 부러지거나 지붕이나 정원수의 눈이 녹아 떨어져 내려 그것이 분재에 피해를 입게 되므로 주위를 하여 눈을 피하게 한다. 눈을 피할 수 있는 곳에 두는 것이 상책이지만 옥외에 부득이 놓아야 될 경우에는 수시로 분재에 쌓인 눈을 제거해야 한다.

● 보호실

분재를 가꾸려면 작업실 겸 보호실이 있어야 한다. 겨울의 보호뿐만 아니라 분갈이 전지 등을 한 뒤 관리에 용이하여 작업이 편리하고 즐거워 진다. 겨울 동안의 보호실은 주야간에 0℃에서 10℃ 정도의 온도를 유지하여야 하는데 온도차가 적을수록 이상적이다. 그렇게 하려면 지하 30cm~150cm 정도는 파 내려가 지열을 이용하는 설계를 해야 한다. 지붕과 3면은 막고 햇볕이 닿는 동쪽이나 남쪽은 유리 미닫이문을 만들어야 한다. 한낮에 햇볕이 잘 들어 너무 따뜻하면 문을 열어 바깥 공기가 들어오게 한다. 낮과 밤의 온도차가 심하면 분재는 차분한 동면을 할 수가 없다. 낮과 밤의 온도 차는 15℃ 이내로 한다.

● 옥내의 보호

실내나 복도에 놓을 때는 난방을 하지 않은 곳에 두어야 함이 첫째 조건이다.

난로와 같이 화기가 있는 실내에는 매우 건조할뿐더러 변화가 커 애써 방한을 위한 보호가 역효과가 난다. 또 실내에 반입한 분재는 날씨가 좋은 날에는 때때로 실외에서 햇빛을 닿게 하고 엽수도 듬뿍하도록 한다.

또한 나무에게도 겨울의 추위를 알리는 뜻에서 2~3차례 정도는 심한 서리를 맞게 하는 것도 추위에서 저항력을 갖게 하는 하나의 방편이다.

실내에 두었던 분재는 나무와 새눈의 움직임이 시작하기 전의 이른 봄에 실외에 내 놓아야 한다. 수종에 따라 다르기는 하지만 추위에 대한 저항력이 있어 겨울에 실외에 두어도 지장이 없는 나무가 많다는 것도 알아 두어야 한다.

12월의 분재 관리

12월은 대륙성 고기압의 세력이 한층 더 발달하여 추위가 본격적으로 시작된다. 우리나라 기후의 특성인 삼한사온三寒四溫은 사라지고 맑은 날씨가 많아 햇볕이 강한 편이어서 12월의 추위에는 모든 수목들은 추위를 견디는 데는 별로 힘들지 않다. 기온은 대체로 0~3℃ 정도가 평균기온이다. 그리하여 모든 활엽수는 한수寒樹의 감상기가 되며 송백류는 신선한 멋의 자태를 보여주는 절호의 시기가 된다. 한편 일반 상록수들의 잎들은 서리가 날로 심해짐에 따라 차츰 잎의 색이 연붉은 갈색으로 변하면서 동면의 계절의 변화를 절실하게 한다.

1. 도장지徒長枝와 세지전지細枝剪枝

잡목 또는 낙엽, 화목花木 등의 고엽을 깨끗이 정리하고 잡초도 제거하고 분을 닦고 청결히 하며 도장지나 세지 또는 흐트러진 가지 등 많은 결함이 눈에 잘 띄게 되므로 이들 기지忌枝들을 12월 초순까지 완전하게 전지 또는 교정해 주도록 한다. 단, 한수를 감상하는 소사나무, 느티나무, 단풍나무, 느릅나무 등은 일차 전지를 끝가지만 하고 새눈이 틀 직전까지 두었다가 다시 본격적인 전지를 한다.

2. 매화나무의 꽃 피우기

12월 하순경에는 새해를 장식하는 분재를 준비한다. 우리나라 선비들은 예부터 삼한사우三寒四友라 하여 송죽매松竹梅를 크게 애호하여 왔다. 소나무는 여러 형태로 엄숙하고 존엄한 자태를 음미케 하였고 대나무는 함박눈을 뿌리치는 부드럽고 꿋꿋한 자태로 인간 특히 남성의 절의節義나 지조를 표상하였는가 하면 매화는 엄동설한에도 불구하고 고담枯淡한 줄기에 그윽한 향기를 풍기며 백설공주와 같이 다섯 개의 화판花瓣(꽃잎)에다 노란 화예花?(꽃수술)로 장식하여 순박한 여인상을 표상하여 왔다. 하여 이들 삼우는 새해를 맞는 데 가장 잘 어울리는 것으로 자연이 인간에게 준 선물이라 생각한다.

매화나무는 중국의 국화이며, 우리나라와 일본에 도래하여 일본에서 개량 번식되었다.

현재에는 수십 종에 달하며 11월에 개화되는 것, 3월에 개화되는 것 등 다양한 품종이 있다. 설중송雪中松은 연초에 꽃을 피우게 하여 선물의 식물이라 생각된다.

정월에 꽃을 피우기 위해서는 특별한 관리를 해야 하는데 강한 자연 기온에서 서리를 2~3회 맞게 하여 겨울이 왔음을 알게 해 줌으로써 모든 식물이 제각기 자연 환경 속에서 계절을 체험하게 하고 그에 알맞은 활동을 하도록 한다. 그 뒤 약 20일 정도 추위에서 냉기를 겪게 한 다음 인위적으로 따뜻한 곳으로 옮겨두면 봄이 온 것으로 착각을 일으켜 꽃을 피울 준비활동을 하게 된다. 단, 매년 반복은 금하고 먼저 나무가 동면에서 깨어나기 위해서 자극을 주는데 이 작업이 분갈이이며 분토를 절반 이상 털어내고 다시 식재한다. 분갈이를 한 다음 유리창을 통하여 일조량을 많이 쬐도록 하고 엽수를 하여 습도를 높여 주면 약 10~15일 전후 하여 꽃망울이 맺히기 시작한다.

이때 다소 차가운 곳에 두면 개화가 순조로이 진행하게 된다. 온도를 높이기 위해서는 1일 2~3회 이상 줄기에 분무를 꼭 해주어야 하며, 분토보다 공기 중에 습도가 없으면 꽃망울이 떨어질 수도 있어 각별한 주의가 필요하다. 온도는 영상 20℃ 이상이 되면 꽃이 너무 일찍 피거나 꽃망울이 떨어지든가 꽃잎이 일찍 지는 일이 생기므로 찬 기운이 도는 곳에 두는 것이 요결이 되며 꽃을 오래 감상할 수가 있다.

특별히 낮의 감상 시에는 탁자에 두고 밤이 되면 필히 냉한 곳으로 옮겨 주어야 꽃을 오래 감상 할 수 있다.

3. 관수의 요령

송백류는 의외로 건조하며 12월부터는 맑은 날씨일 때 2~3일에 1회씩 물을 흠뻑 주어야 하며 상록수들도 차츰 활동을 멈추게 되어 동면기에 들어간다. 송백류는 잡목류에 비하여 분토의 건조가 빠른 편이라는 점을 다시 말해 두거니와 특히 마르기 쉬운 것은 송백류 중에서 해송이며 해송은 12월 중순까지 활동을 계속하므로 표토가 마르면 물을 주어야 한다. 다음은 오엽송인데 이 나무도 활동력이 강하고 뿌리가 분속에 꽉 찬 상태의 나무는 물의 흡수가 나쁘므로 되도록 물을 많이 주어야 하며 배수가 잘 되지 않으면 밑구멍을 송곳으로 뚫어주어 배수가 잘 되도록 한다.

4. 관수 시간

 물주는 시간은 일반적으로 햇볕이 가장 강한 때인 11시에서 12시 사이가 좋으므로 이 시간에 물주기를 하면 수분의 증산작용(식물 체내의 수분이 습기가 되어 세포의 조직인 기공을 통하여 밖으로 배출됨)이나 흡수도 알맞게 진행되는 최적의 시간대가 된다. 그러므로 오후에 물주기는 절대 금할 것이며, 동해를 입는 원인이 되기도 한다. 수온은 자연 수온이면 무방하며 날씨가 맑을 때 송백류는 엽수를 해 주면 더욱 좋다.
 특히 진백은 하이포네스를 1/1000 희석하여 월 2~3회 엽수해 주면 효과적이다.

부록

초물분재의 분할과 분석의 범례

작품을 분석하며

근래近來 초물분재草物盆栽라 하여 야생초화를 좋아하는 사람이 날로 증가하여 이제는 일반화된지가 벌써 10여 년이 되었다.

초물분재의 아름다움을 표현하는 창의적 구도와 원리, 표현상의 체계적인 질서와 합리적인 방법에 의한 분석, 그리고 평가의 과정은 필수적인 과제일 것이다.

우리들은 일반적으로 분재 전시회나 초물전시회 등 각종 문화행사를 통하여 막연하게 초화의 아름다움을 느껴왔다.

초물분재도 하나의 작품으로서 작가作家의 의도意圖가 담기고 또한 조형적造形的 구도형식에 따라 어떤 의도로 어떻게 창작되었는지 한 번쯤 생각해보게 한다.

그렇다고 해서 어느 형식이나 조형 원리를 이론적으로 분석하고 평가하기는 참으로 어려운 일이다. 그러나 과학문명이 날로 발전하고 있는 현 시대에서 미학적 원리와 수리학적 구도원리를 충분히 응용한다면 창작품의 아름다움을 나타내는 것이 그렇게 막연하고 어려운 일만은 아니라고 생각되며, 감상의 뒷말은 의례 평가라는 논리가 따르게 된다.

또한 이제는 인터넷 시대이기에 창작에 앞서 소재적 재료를 자료로 한다면 각자의 노력과 관심 여하에 따라서 각종 도형재료를 검색하여 착상着想, 구상構想, 적정성과 구도적 배열 등 작품의 표현 방법을 익힐 수 있고 컴퓨터 상에서 습작이나 창작 예습이 가능한 시대가 온 것이다.

  이러한 사회적 구조 속에서 초물의 아름다움을 고대하는 애호가는 창작활동을 통한 좀 더체계적인 분석과 평가방법이 정립되고 발전되어야 할 것이며, 그러할 때가 이미 와 있다고 본다.

  이번에 시도한 분석은 아직 미비한 방식으로 몇 종류의 초물분을 분석 평가해 본 것이다. 어설픈 데가 많을 것이나 이 분야의 연구자료로서 첫걸음이 될 수 있으면 하는 기대를 하면서 조심스럽게 정리해 보았다. 부족한 점 이해 바란다.

德庵 金 廣 濟

● 소재 : 감국

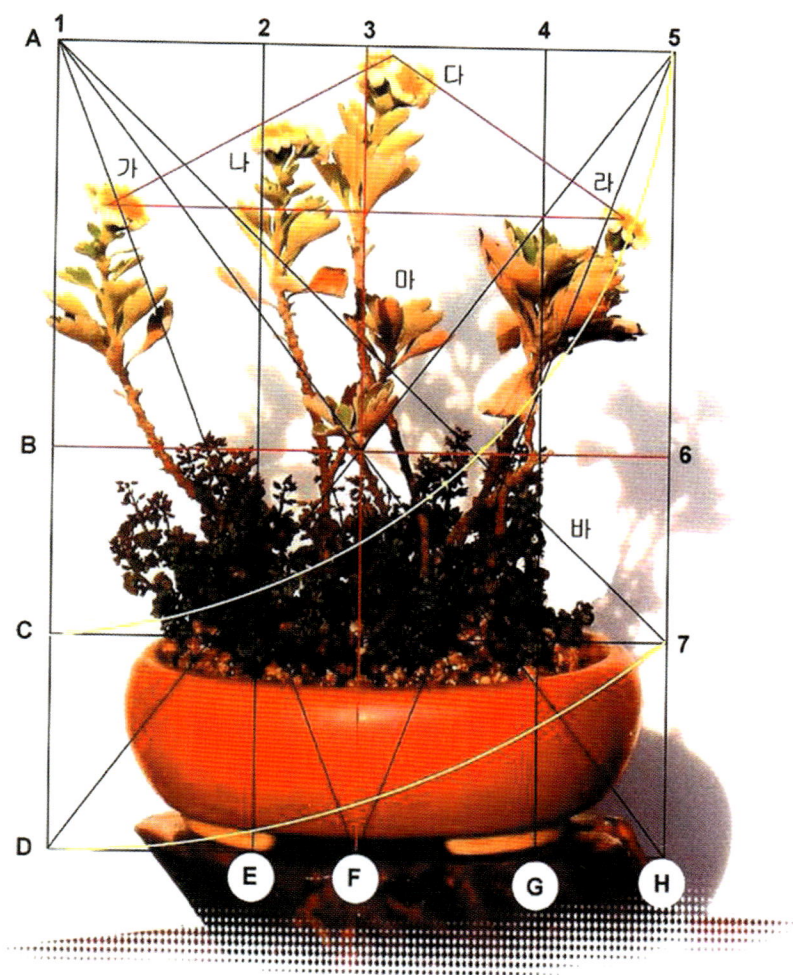

감국의 작품 분석

본 작품의 도형 ADH5는 역逆 루트2의 구도로 구성되어 있다.

主가 되는 다 꽃은 3의 중심에 있으며, 가와 라의 꽃이 수평을 이루어 배치된 점은 잘못이다.

라의 꽃이 좀 더 아래쪽에 배치되었으면 고高, 저低의 차이가 나타나서 더 좋은 구도가 되었을 것이다.

또, 바 부분이 잘라낸 듯 비어 있으므로 마의 꽃 한 포기가 바 위치에 심어졌으면 하는 아쉬움과 분盆의 색깔이 너무 강한 적색赤色이어서 전체적인 색色 대비가 되지 않고 있다.

개모밀의 작품 분석

본 작품은 ABCD 장방형구도長方形構圖에 EF의 수직 중심선을 기점으로 수평중심선 GH를 따라 넓게 퍼진 분盆을 사용하여 상, 하, 좌, 우로 자유로이 뻗어나간 홍엽紅葉 줄기에 분홍색 꽃송이는 저물어가는 가을을 표현하기에 충만充滿하며, 특히 가, 나의 축 늘어진 꽃송이는 시각의 집중점이 되었다.

또한 대각선에 따른 구상은 좋은 점이며 장방형 구도는 마음이 가라앉고 편안한 느낌을 준다.

아쉬운 점은 화분의 빨간색과 밑받침 색이 너무 강한 적색으로 구성되어 아름다운 꽃과 잎의 단풍색감을 그르쳤다. 차라리 연한 반대색이었으면 좋았을 것이다.

색채의 배합에 깊은 관심을 가지고 열심히 하기 바란다.

구피화의 작품 분석

본 작품의 도형 ABCD를 그리고 분할 분석하면, A에서 C로, D에서 B로 대각선을 그린 다음, E에서 F로 수직선과 G에서 H로 이어지는 수평선을 그려 중심선(적색선) 을 그린다.

다음, 중심선 E에서 B, C로 삼각형을 그려 구도를 살펴보면 사각의 면 내에 초물의 심어진 배열과 윤곽이 잘 나타난다.

줄기의 배열을 보려면,

아래 B에서 E, 3, D, 12, 14로 대각선을 그리고,

아래 C에서 E, 1, 7, A, 11, 13, G로 대각선을 그려보면

각 대각선과 꽃 줄기는 좌左, 우右로 일치하여 방사선을 이루면서

파이선(황금비 1 :1.618 청색선)으로 집중하고 있음을 알 수 있다.

분盆은 좀 투박한 점이 있으나 안정감이 있어 보이며, 밑받침 꽃 나의 빨간색은 전체적 조화를 이루었다.

3에서 14로 대각선(적색선)을 그리면 꽃줄기가 직선이 되어서 아쉽고, 가와 나의 꽃 줄기도 수직선이 되어서는 안 된다.

국화의 작품 분석

　본 작품 ABCD 도형은 루트 2(1 : 1.414) 장방형으로 구성되어 있다.
　1에서 2, 3으로 대각선(적색선)을 그리면 부등변삼각형이 되고 초물의 구도이다.
　2에서 7로, 3에서 6으로 그리고 5에서 2, 3으로 대각선(청색선)을 그리면 분盆의 윤곽이 된다.
　그리고 8에서 1, 4로 그려진 대각선(황색선)은 꽃 줄기의 흐름선이며, 8지점은 분할점 파이가 되면서 긴 가 줄기가 솟고 있다.
　이 선의 운동이 본 작품의 생명선이다.
　선은 신장한다는 논리로 볼 때 가 줄기는 계속 바깥쪽으로 흐름을 주고 있기에 정말 아쉬운 점이며 반대로 중앙의 국화꽃은 아담하고 시원스러운 감을 주고 있다.
　식재 위치 또한 4에서 8로 그려진 대각선을 따르고 있어 구도상으로 좋은 점이다.
　아래의 풀과 꽃도 A에서 5로 이어진 선(녹색)을 잘 따르고 있고, 4에서 C를 따르는 나 꽃은 역행하고 있기에 사소한 점 까지도 선의 흐름을 고려하였으면 한다.
　전반적으로 분盆의 형形과 색상이 아주 좋으며 식토, 배식, 구상이 아주 훌륭하다.
　지적된 두 곳만 시정되면 우수작이라 하겠다.

작품 분석

본 작품의 면面은 루트 3 장방형 도형 2개로 구성되었다.

먼저 도형 ABCD를 그리고 A에서 C로, D에서 B로 대각선을 그리면 면面의 중심에 교차점이 생기며 이 교차점을 통과하는 수직 중심선 1, 2를 그리고 수평중심선 3, 4를 그리면 전체의 면面은 중심선을 기점으로 4개의 면面으로 분할된다.

또한 수직 중심선(적색선) 1, 2로 2등 분할하면 1에서 A 과, 1에서 D쪽으로 루트 3 장방형이 2개로 분할된다.

다음, 밑변 B에서 C간의 황금비(1 :1.618)를 구하여 파이선(청색선)을 그리고 분盆의 수평을 정하여 나에서 다로 수평선을 그린 후, 가에서 나, 다로 대각선을 그리면 초물 부분은 부등변 삼각형(청색삼각형) 속에 놓인다.

분盆의 구도는 A의 대각선과 가의 대각선이 교차하는 지점(●)을 통과하는 수직선 5에서 6을 그리고, D의 대각선과 가의 대각선이 교차하는 지점(●)도 수직선 7에서 8을 그린다.

나에서 6으로, 다에서 8로 대각선(녹색선)을 그리면 분盆의 구도를 알 수 있다.

전체적인 구도는 부등변삼각형에 수심은 황금분할점 가에 있으며 라의 꽃과 아의 꽃, 그리고 밑풀의 배색이 잘 되었고 카, 차의 잎은 너무 큰 편이며 바의 밑풀을 사에도 배치되었으면 한다.

마 부분의 공간처리가 안 되었고 카는 삼각구도에서 너무 나갔다. 또한 카의 잎이 타 쪽에도 있었으면 하는 아쉬움과 화분도 중량감은 있으나 깊이는 현재의 반半 정도(청색 점선)가 적당 하겠다.

열심히 잘 관리되었으나 전체 구도가 차 쪽으로 쓰러지려는 시각감이 없도록 구도와 강強, 약弱에 대하여 생각하며 습작習作하기를 바란다.

● 소재 : 금황성

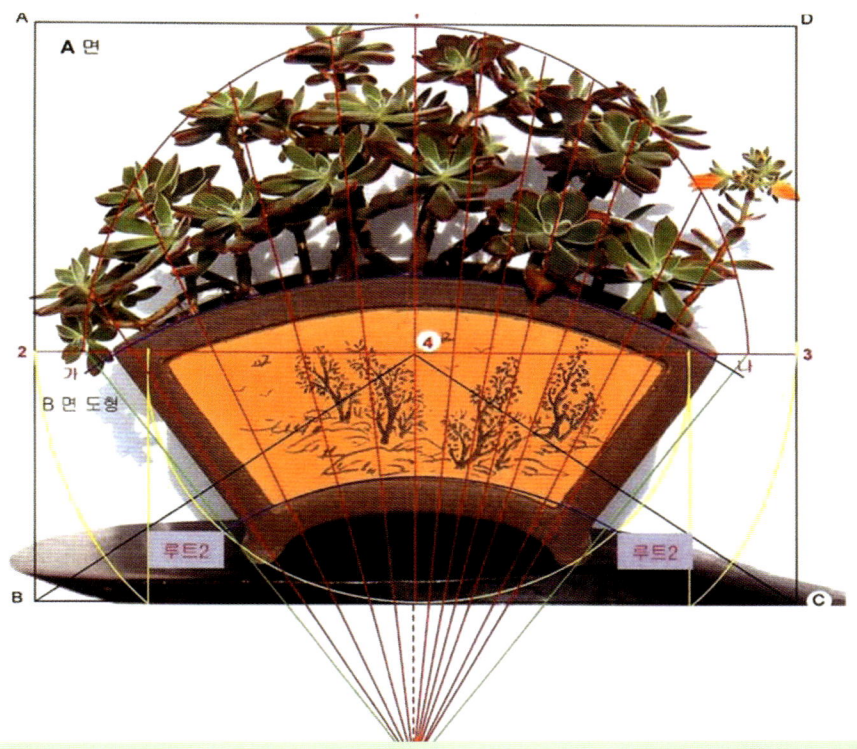

금황성의 작품 분석

본 작품을 분석함에 있어 주야晝夜로 3일간의 고심 끝에 용기를 내서 도형을 시작하였다. 그러나 예상대로 간단하지 않았다. 도형 ABCD를 그린 후 1에서 5까지 수직 중심선을 그리고 분盆의 모서리 부분에서 수평선 2에서 3으로 선을 그려 4등 분할 하였다. 먼저, A 면(A, D, 2, 3면)을 분석하면 이 면面에는 2개의 파이장방형과 S 정사각형, "루트 2" 1개와 "루트 3" 1개로 분할되었으며 A 면에 도형을 그리면 복잡한 선에 의하여 이해하는데 문제가 있어 다음 장에 따로 제도하였으니 참고하기 바란다.

다음, B 면(2, 3, B, C면)을 분석하면 이 면은 수직중심선 4를 기점으로 가 부분으로 루트 2 장방형(황색) 1개와 나 부분에도 루트 2 장방형(황색) 1개로 분할되었다.

분할된 선을 기반으로 초물과 화분을 분석하면 4 지점을 정점으로 1 지점을 통과하는 적색원호赤色圓弧를 가에서 나까지 그려 초물의 윤곽선을 구하고 가와 나 지점에서 화분의 사각을 따라 면 외 연장선을 아래로 그리는데, 가 사선(녹색)과 나 사선(녹색)이 교차하는 지점이 면외초점面外初點 5가 된다.

이 집점集点 5를 기점으로 가에서 나로 청색원호靑色圓弧를 화분의 상부와 하부를 그리면 분의 형形이 되는 것이다. 그러므로 본 작품의 구도는 4 지점을 정점으로 한 초물의 원과 5 지점을 중점으로 한 화분의 원으로 2개의 중심 초점과 2개의 원으로 구성되었다.

본 작품을 종합적으로 평가하기는 대단히 어려운 문제다.(필답으로 해법을 찾기가 어렵다) 의도적인 구상과 기하학적 구도에 아낌없는 갈채와 찬사를 보내며 더욱 노력하여 창의적 작품이 많이 있기를 바란다. 본 작품의 장점은 초물과 분의 조화로운 점이었고, 결점은 너무나 정확하게 계산된 구도적 표현이라 '예쁘다!' 라고 하기보다는 '정숙하다!' 라고 느껴지는 점이다. 면외집점面外集点에 박수를 보낸다.

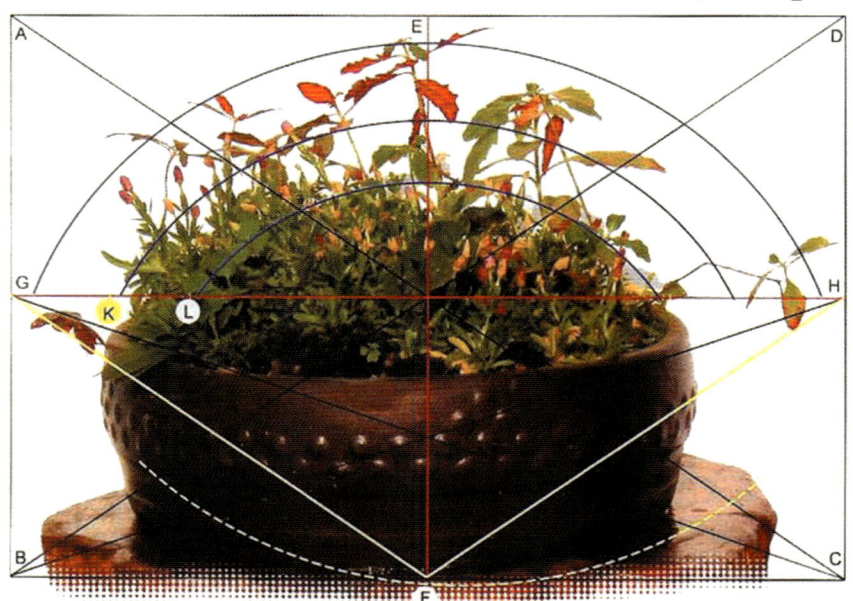

루트2 도형

낮달맞이의 작품 분석

본 작품의 ABCD 도형은 루트 2(1 :1.414) 장방형 도형이며 보편적인 면을 갖고 있다.

구도적으로 GFH의 역삼각형(황색 역삼각형)에 G, K, L로 원호圓弧를 그리면 도형과 같이 반원半圓만 그려지며 형태적인 면이나 미美적인 흥미로운 맛이 없다.

도형의 시초는 원에서부터 시작되었지만, 보다 더 표출방법 진선미眞善美, 삼재미三才美에 대한 연구와 노력이 필요하다.

진선미眞善美 : 참과 착함과 아름다움을 이르는 말
삼재미三才美 : 천天, 지地, 인人 셋을 이르는 말

작품 분석

　본 작품은 회원의 시범작으로 전시회를 위하여 급조急造된 작품으로 두 가지 색의 장미꽃과 3가지의 부소재副素材를 사용하고 화분은 분재용 타원형을 사용하였다.
　도형 ABCD 장방형에 분盆의 수평 중심선 2에서 3을 그린 후 황금분할점(1 :1.618)을 구하고 그 분할점에서 수직으로 (청색선) 1 까지 그린다.
　다음 1에서 2, 3으로 대각선(적색선)을 그리면 초물은 부등변삼각형 안으로 놓이게 되며 수심樹芯은 분할점 1의 위치에 놓이게 된다.
　4 지점을 중점으로 1에서 2방향으로 원호圓弧(녹색)를 그리면 장미의 높이가 되며 이로써 구도적 기본 개념을 갖추었다.
　화분은 분재용이어서 투박하고 색상도 진갈색으로 너무나 중량감이 크다.
　그래서 소재를 초성草性이 아닌 덩굴성을 선택한 것 같다.
　주主가 된 장미의 붉은 꽃을 정점定鮎에 두고 나 꽃송이도 사선의 분할점 내에 배치 되었다. 이 는 부등변삼각형의 장변長邊 쪽을 강조하기 위한 표현으로 생각되며, 라의 밑풀은 나의 꽃에 비하여 너무나도 빈약하고, 마와 바의 밑풀은 아주 잘된 배색으로 장미꽃을 받쳐 주고 있다.
　다의 빈 공간(자색 점선) 처리는 잘 되었고, 사의 선외線外 줄기는 나 측의 강强에 대한 약弱으로 표현된 것이어서 선 외에 있어도 무방하다.
　그리고 아의 분홍색 장미는 색 조화와 배치가 잘 되었고 수적으로도 적은 것이 좋았다.

素材: 돌단풍

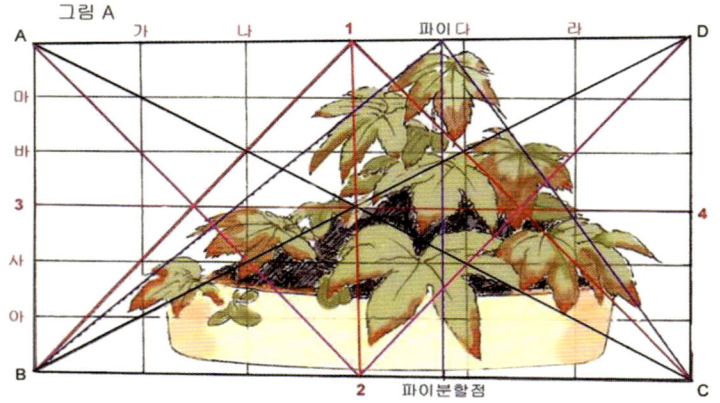

그림 A

돌단풍의 작품 분석

위 작품으로 도형의 분할법을 공부해 보자.

먼저, 그림이 중앙에 오도록 직사각형 ABCD를 임의적으로 그리는데 4면의 여백은 비슷하면서 공백을 줄인다.

다음 A에서 C로, D에서 B로 대각선을 그려 중심점을 만들고 이 중심 교차점을 통과하는 수직중심선(적색선) 1, 2를 그리면 면은 2등분되며, 다시 수평중심선 3, 4를 그리면 면은 4등 분할 된다.

수직 중심선 1에서 B, C로 대각선을 그려 적색 삼각형을 만들고,

수직 중심선 2에서 A, B로 대각선을 그려 자색 역삼각형을 만들면 수직 나, 다와 수평 바, 사를 그릴 수 있는 4개의 교차점이 생기므로 이 지점을 통과하는 나, 다, 바, 사의 선을 그리면 다음 교차점이 생겨 수직 가, 라와 수평 마, 아를 그릴 수 있다.

이로서 가로 6등분, 세로 6등분의 도형이 완성되며 이 등분을 계속 반복하면 24~48
. . .

결국은 점点으로 돌아간다.

다음 밑변의 길이 B에서 C 간의 길이를 측정하여(14.0cm) 파이분할점(14/1.618=8.65)을 구하여 파이분할선(청색선)을 그리고 작품의 수심과 분할점의 차이를 살펴본다.

본 작품을 개작하면 그림 A와 같이 되었으면 하는 바람이며, 그림과 작품을 잘 비교하여 참고하기 바란다.

● 소재 : 딸기

딸기의 작품 분석

본 작품의 도형 ABCD는 루트 5 장방형으로 잔잔한 호수湖水의 느낌을 주는 구도이다.

구도를 살펴보자, 먼저 장방형 A에서 C로 대각선을 그리고 D에서 B로 대각선을 그리면 면의 중심에 교차점이 생기며 이 교차점을 통과하는 수직 중심선 E, F를 그리고 수평 중심선 G, H를 그린다.

다음, A를 기점으로 B에서 1로 원호(1 청색원호)를 그리고,
    D를 기점으로 C에서 2로 원호(2 청색원호)를 그린다.
    B를 기점으로 1에서 F로 원호(1 황색원호)를 그리고,
    C를 기점으로 2에서 F로 원호(2 황색원호)를 그리면 가 위치에
    중앙 중심점과 같이 작은 극점이 생긴다.
    가 극점 즉, 1, 2 황색 원호는 아주 재미있는 모양으로 넓은 면을 중심으로 모아주는 강한 힘을 갖고 있다.

본 작품의 구도는 EGH의 삼각형(흑색 삼각형)과 FGH의 역삼각형(황색 삼각형)으로 분할되고, 중심선 E, F와 G, H를 기점으로 4등 분할되었다.

특히 5개의 극점은 전체의 균형을 정확하게 잡고 있으나 나 의 대각선(황색점선)은 다 부분이 나 부분보다 높이 식재 되어 전체 내적內的 구원構圓에 문제가 되었다.

다 쪽을 캐내어 뿌리를 흙 속에 묻었으면 한다. 현재의 초물에는 분盆 또한 큰 편이다.

본 작품은 2년 이상 열심히 습작習作 배양관리 한 작품으로 생각되며, 원분의 적갈색 얼룩무늬는 딸기 잎과 꽃색에 조화를 이루었으며 한 송이 분홍 꽃은 집중점이 되었다.

● 소재 : 란타나

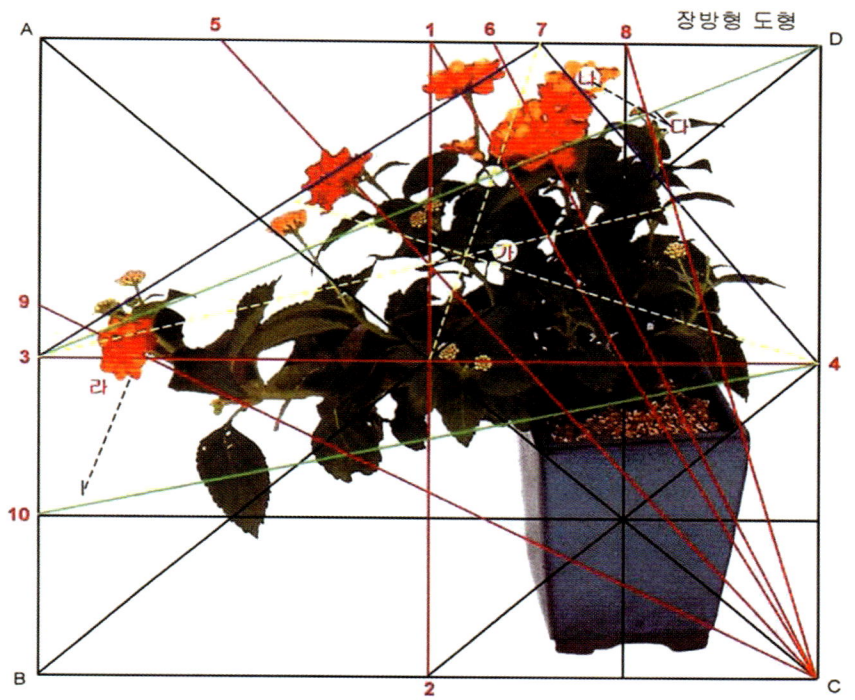

란타나의 작품 분석

 본 작품은 반현애형半懸崖形으로, 면面을 분석하면
 작품의 면에 장방형 도형 ABCD를 그리고 A에서 C로, D에서 B로 대각선을 그리면 면의 중심에 교차점이 생기며 이 교차점을 통과하는 수직중심선 1, 2 를 그리고 수평중심선 3, 4를 그리면 전체의 면은 중심선(적색선)을 기점으로 4개의 면으로 분할된다.
 다음, 4에서 2로 대각선을 그리면 화분의 중심 부분에 교차점이 생기며, 이 교점을 통과하는 8번 수직선을 그리고 10번 수평선을 그리면 면의 중심과 4, 2, C는 작게 4등분 되며 분盆의 중심이다.
 7에서 3, 4로 대각선(청색선)을 그리면 부등변삼각형이 되고 꽃송이의 배열선이 된다.
 C 점을 기점으로 8, 6, 1, 5, 9로 사선(적색선)을 그리면 꽃의 형태가 방사형을 이루면서 불규칙적으로 잘 배치되었음을 알 수 있다.

 전체적 구도에서 직각이 되는 것을 피해야 하는데 라의 꽃이 수평 중심선 3번을 따라 배치되어 화분과 직각이 되어서 부드러운 맛이 없으므로 아래 10번 선까지 내렸으면 한다.
 또한 나의 꽃 은 수직선 8번을 피하여 다 부분에 배치되어야 가의 무게 중심점에 부담을 적게 준다. 이는 가의 무게중심점이 수직중심선 1에 접근하고 있어 전체적으로 불안하며 화분은 B 쪽으로 쓰러지려는 느낌을 강하게 주고 있다.
 사전事前 구상構想은 결과를 이끄는 데 중요한 요소가 된다.

● 소재 : 무화과나무

무화과나무의 작품 분석

본 작품은 루트 4 장방형 구도에 부합되어 있으며 주간主幹의 곡曲이 직선直線이 없고 자유로운 곡으로 면의 중심선을 따라 우뚝 서 있고 수관樹冠 격인 무화과 잎 또한 루트 3 과 루트 4 사이에 잘 배치되었다.

부간副幹 역시 엄마 품에 안기려는 듯 내방곡內方曲으로 주간主幹을 받쳐주고 있으며 잎은 면의 중심에 배치되어 시각의 집중점이 되었다.

식재 또한 분盆의 분할점인 8 : 5에 잘 식재되었고 이끼도 잘 활착되어 백색분白色盆이 시원하게 돋보인다.

잎과 수형樹形은 정답게 우산을 받고 있는 모자母子의 그림처럼 안정된 구도로 구성되어 있다.

※ 일반 분재수형에서는 부간의 곡이 내방곡內方曲이 되면 안 된다.

작품 분석

　본 작품의 도형 ABCD는 "루트 2 장방형" 2개와 "장방형" 1개, 그리고 "파이장방형" 1개로 분할된 구도이다.

　본 작품의 구도는 잘 분할되었으나 식재된 초물이 가와 나의 점선(청색점선)과 같이 역삼각형이 되었고 다와 라는 수직선(등색점선)에 배치되어 장長, 단短의 차이가 없다.

　분盆은 흑갈색으로 중량감은 있으나 구도상의 비례比例가 고려되어야 한다.

　또한 마의 배석配石은 정 중심에 놓여 있어 시각적으로 무게 중심은 되었으나 의도意圖의 역할을 못 하고 있다.

　"부처손"은 건습성이 강하면서 배양이 까다로운 식물임에도 생기 있게 잘 관리되었고

　이끼도 고태롭다.

　일반적으로 꽃꽂이나 분재의 기본은 부등변삼각형 즉 진선미眞善美나 삼재미三才美 등의 형식이 있으므로 삼각형에 대하여 관심을 가졌으면 한다.

　작품을 보면 우거진 소나무에 그늘이 드리워진 듯하고 새파란 솔잎은 궂은 날이 개인 듯 시원하고 쾌적한 느낌을 준다.

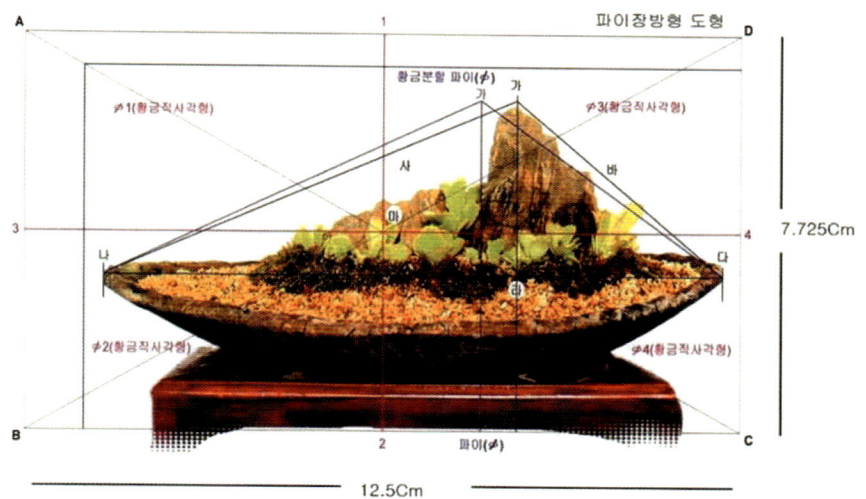

도형 분석

　본 작품으로 "황금직사각형 파이" 와 "황금분할 파이" 에 대하여 공부하여 보자.
　도형의 ABCD는 황금직사각형 파이로 공부를 위하여 크게 그린 도형이고 실제 작품의 도형은 청색선으로 그려진 도형이다.
　※ 황금분할의 수 파이는 1 : 1.618이다.

황금직사각형 파이
　위 도형 밑변 B에서 C 간을 스케일로 측정하면 12.5cm가 된다. 도형을 그려보자.
　12.5cm/1.618=7.725cm가 되므로 C에서 D로 7.725cm가 되도록 수직선을 그리며 D에서 A로, B에서 A로 선을 연결하면 구도적으로 가장 이상적인 황금직사각형 파이가 그려진다.
　다음, 도형 A에서 C로, B에서 D로 대각선을 그리면 중심 초점 마가 생기며 이 마 지점을 기준으로 수직 중심선(적색선) 1, 2를 그리고 수평 중심선 3, 4를 그리면 황금직사각형 파이가 4개로 분할되며 이것이 "황금직사각형 파이", "파이장방형" 또는 ∅, π 라 한다.

황금분할 파이
　위 도형의 분盆 길이 나에서 다를 자로 재어보면 10.7cm가 된다. 분의 황금분할점을 그려보자.
　10.7cm/1.618=약 6.6cm가 되므로 나에서 다 쪽으로 6.6cm가 되는 지점 청색 가 선이 분盆의 파이선이 된다.
　그러면 작품의 돌의 위치를 확인하여 보자.
　먼저 돌의 중심에 흑색선 가를 그리고 가에서 나, 다로 대각선을 그려 부등변삼각형을 그린 후 똑같은 방법으로 파이점 청색 가 지점에서 부등변삼각형을 그린다.
　나에서 돌의 중심선 라의 길이는 약 7.2cm이고, 나에서 파이선 청색 가의 길이는 6.6cm이므로 0.6cm가 차이가 난다. 그러므로 돌의 중심이 파이 청색 가 지점으로 (0.6cm) 이동시켜야 황금비를 이루는 구도로 되는 것이다.

● 소재 : 불사조

불사조 합식의 작품 분석

본 작품으로 파이장방형 2개로 분할하여 도형을 그려보자.

먼저, 기와의 밑면 중심 2를 잡고 초물 라 의 높이를 측정하여(8.0cm) 수직 중심선 1, 2를 그린 후 중심선의 파이점을 구한다.(8.0/1.618=4.94cm) 위쪽 1 지점에서 A와 D 쪽으로 각각 4.94cm가 되도록 선을 그리고 중심선 1의 파이선을 3에서 4로 수평선을 그린 후 외곽선을 연결하면 파이장방형이 2개인 하나의 장방형이 그려진다.

이때 각각의 황금분할점은 가 지점을 통과하는 수평선 3, 4번이 분할선이 되고, 다시 1과 A간의 중심 5와 1과 D 사이의 중심인 7에서 수직선(청색선)을 그리면 면은 4등 분할 된다.

다음 A에서 8로 D에서 6으로 사선을 그리면 가에 극점이 생기며 이로서 사면四面으로 분사된 시각은 극점 가에 집중되며 이 사선은 도식圖式의 원근법遠近法의 기본이므로 유념하기 바란다.

본 작품은 기와를 이용하여 "불사조"를 흥미로운 구상으로 합식하여 마치 직선의 가로수처럼 잘 표현하였다. 그러나 이와 같이 원근법 구도로 합식하려면 기와를 이용해서는 안 된다. 기와의 형태는 길면서 반원체이므로 평면이 좁고 반원을 연장하면 원이 되는 성질을 가지고 있으므로 수반으로 교체함이 바람직하다. 줄기 나, 다, 라는 근경近景이 잘 표현되었고 마 부분의 밑풀도 조화롭게 되었다. 특히 극점 가의 원경 초점(가 부분이 멀리 보임)이 잘 표현되어 구도적 구상이 아주 좋았다. 단, 원근법의 구도로 기와를 사용한 것이 아쉽다.

※ 위 도형을 실측하여 보면 수치와 다르게 될 것이다.
　이는 인쇄장치의 오차이므로 정확한 실측도형이 되지 않는 점 유감으로 생각한다.

● 소재 : 사계애기국화

사계애기국화의 작품 분석

    본 작품을 분할 분석하여 보자.
  먼저 ABCD 도형에 수직 중심선을 1 지점에서 2 지점으로 그리고 수평 중심선인 3선을 4까지 그린 다음 1 지점에서 B, C로 대각선(적색선)을 그리면 삼각형이 만들어지며 초물의 수심은 중앙인 1 지점에 놓이게 된다.
  다음, 하단 중앙인 2 지점에서 3, 4로 대각선(황색선)을 그리면 역삼각형이 만들어지며 이 황색선과 적색선이 교접하는 교차점(↓표)이 생기고 이 교차점을 통과하는 수평선(청색선) 5, 6을 그린다.
  수평 5(청색선)는 중앙선 1과 만나는 가 지점이 생기며 이 지점이 작품의 중심 초점인 것이다. 중심초점 가 지점을 중점으로 상부중심 1 지점을 통과하는 원호(적색반원)를 나와 다까지 그린다.
  중심 초점 가 지점에서 초물의 꽃줄기를 따라 사선(적색점선)을 그리면 본 작품이 방사형으로 잘 식재되었음을 알 수 있다.
  본 작품의 뿌리 기부는 가 지점이며 각 꽃줄기도 가 지점에 초점이 모아지고 있어 안정된 구도 이나 아쉽게도 라의 꽃이 역곡으로 되어서 라 부분이 허공시되었으므로 표현의 기법이 단순할수록 세심한 관찰력으로 이러한 실수가 없었으면 한다.
  본 작품은 정삼각형 구도로 안정감이 있고 화분이 특이하게 너울거리는 파도를 연상케 하며 색상도 고상한 느낌을 준다.
  밑풀도 적, 녹색으로 싱싱해 보이며 국화의 잎 퍼짐과 색상, 환하게 웃고 있는 듯한 모습은 전체적 구도나 창작적 가치로 볼 때 좋은 작품이라 하겠다.

  ※ 방사형 식재법은 자연의 법칙을 따른다.

사계애기국화의 작품 분석

　본 작품의 도형 ABCD는 파이장방형(1 : 1.618) 황금비 구도로 아주 평화롭고 고요한 면面을 이루고 있다.

　전체 구도는 A에서 C로, D에서 B로 대각선을 그리면 중앙에 교차점이 생기며 이 교점을 통과하는 수직중심선 1과 수평중심선 3을 그린 후 1에서 B, C로, 2에서 A, D로 대각선을 그리면 면面은 같은 모양의 파이장방형 4개로 분할된다.

　A에서 2로 그어진 대각선과 B에서 D로 그려진 대각선의 교차점에 수평선(청색선 6, 7)을 그리면 분盆의 높이가 되며 6 선과 B 선의 중심선(녹색선 8)을 그려보면 분盆의 밑부분이 되어 화대와 같은 면으로 짝을 이루고 있다.

　파이분할점 5에서 6, 7로 부등변삼각형(청색선)을 그려보면 국화꽃은 분할점에 잘 배식되었으나 가 부분이 색체적으로 초물이 너무 빈약하며 나의 꽃줄기는 다 쪽으로 휘어진 방향곡이므로 파이점으로 모아 주었으면 한다.

　전체적인 구상은 분의 이색적인 문형과 국화꽃의 붉은 색감은 밑풀의 파란색과 대조가 되었고 다 쪽의 잔잔한 풀은 한층 구도의 형식을 잘 받쳐주고 있다.

　꽃줄기는 자연스러운 선線으로 솟아오르도록 하면서도 질서적인 선의 어울림이 나타나야 하며 X표나 ≠표, 한 곳에 몰린 X표가 없도록 하여야 한다.

※ 단, 흐름에 의한 X표는 선학적인 묘미를 갖는다.

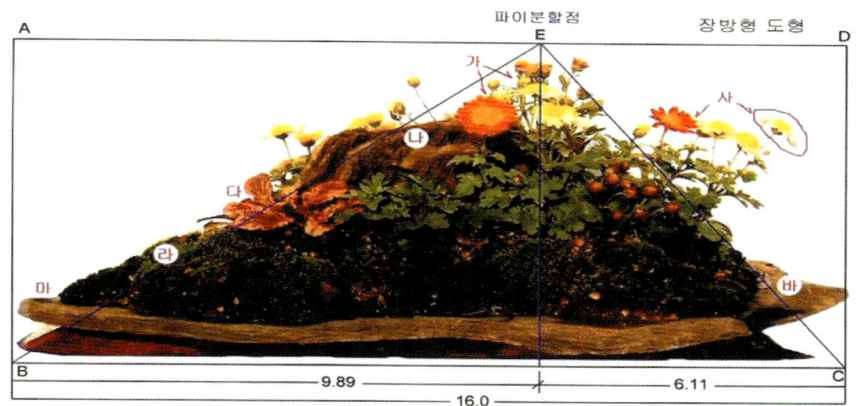

야생화 평석 합식의 작품 분석

　본 작품 ABCD 장방형도형에 황금분할점(1 ; 1.618)을 구하여 파이분할선 E를 그린 다음 수심樹芯 E 점에서 B, C로 대각선을 그려 부등변삼각형을 그리면 전체의 구도를 알 수 있다.
　본 평석형平石形 작품은 라 부분의 식토埴土가 너무 두텁고 마의 평석 끝자리가 바보다 좁아 답답해 보이며 사 부분의 돌출된 꽃송이는 없는 것이 구도상 좋을 것 같다.
　나의 돌은 전체의 중심을 잡아준 것같이 보이면서도 어딘가 이상하게 느껴지는 것은 면면의 정중앙에 배치하였기 때문이다.
　다의 밑풀은 명암의 대조가 잘 되었고 가의 빨간 꽃과 노란 꽃은 배색도 좋고 배치도 훌륭하다.

※ 위 작품을 개작改作하면 그림 A 와 같이 된다.

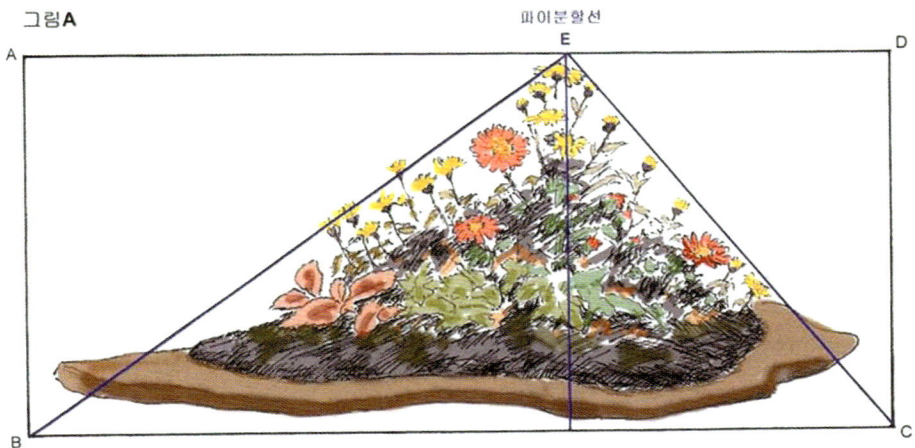

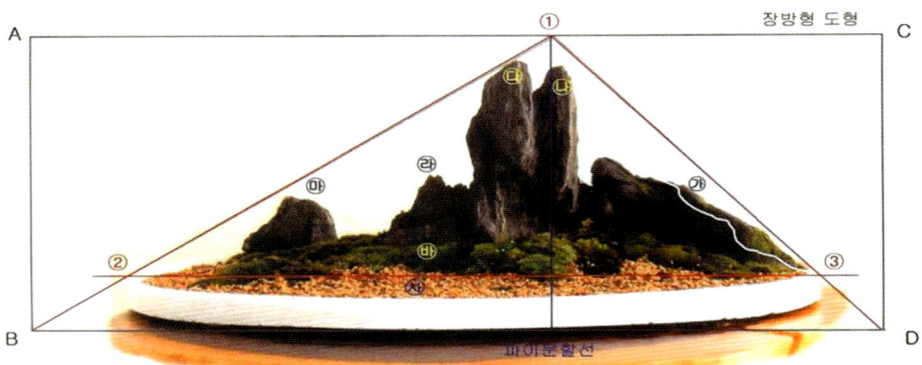

이끼 분경의 작품 분석

위 분경盆景은 타원형 수반에 배치한 작품으로 ABCD 도형에 파이점을 중심으로 부등변삼각형 1BD를 그려 나 봉우리를 정점으로 장방형의 면面을 이루었다.

이 면面을 등분할로 분석해야 하나, 복잡한 도형을 피하고 밑변 B, D와 수반의 폭 2, 3의 길이에 파이분할점을 구한 도형이다. 나, 다의 주석主石은 흥미로운 쌍봉형 입석立石으로 배치되었으나 다 의 봉우리가 나 자리에 있었으면 한다.

가의 와석臥石은 능선이 너무 높으며, 마의 중경석中景石은 구도적으로 잘 배치되었다.

라의 원경석遠景石은 배치도 좋고 돌의 굴곡이 심하여 주석主石과 원근감遠近感 표현에 더 좋은 구도로 되었으나 명암明暗이 분명하였으면 한다.

바의 이끼는 한 가지 종류로 심어 굴곡과 원근감이 없다.

타원형 수반을 산수경山水景에 이용하면 전체 구성요소에 결함이 생긴다. 원은 도형상 응력應力에 의하여 사방이 안쪽으로 위축하며 외력外力을 배척하려는 힘을 가졌으며, 타원은 중심극점이 2개가 되므로 그 힘이 더 강하다. 분경작을 시도할 때는 반드시 장방형 수반을 이용하라.

사각면은 중심에서 모서리로 흩어지려는 시각감이 있으므로 넓은 평야를 연출할 수 있다.

그림 상의 명암에는 주석에만 강한 빛이 있어 수반에서 튀어 나올 듯한 느낌이 든다. 종합하여 원경석 산山은 구도적으로 고저高低의 안배와 배석구도는 잘 표현되었으나 사의 마사 입자가 너무 크고 이끼의 다양화, 원근감의 표출방법에 연구를 거듭하기 바란다.

작품 분석

본 작품은 ACE3 장방형 구도에 2B4의 부등변삼각형 1개와 파이장방형 3개로 구성되었다.

분폭盆幅 B, 4의 황금분할점 2에 주主 가 되는 꽃나무를 배치 구상한 점과 밑풀 배식配植은 수준급이나 나와 다의 공간空間이 허공시되어서 결점이 되었으므로 나, 다에 좀 더 강한 느낌의 꽃을 배식하였으면 한다.

가의 단풍잎과 빨간 열매는 좋은 집중점이 되었다.

● 소재 : 트리칼라

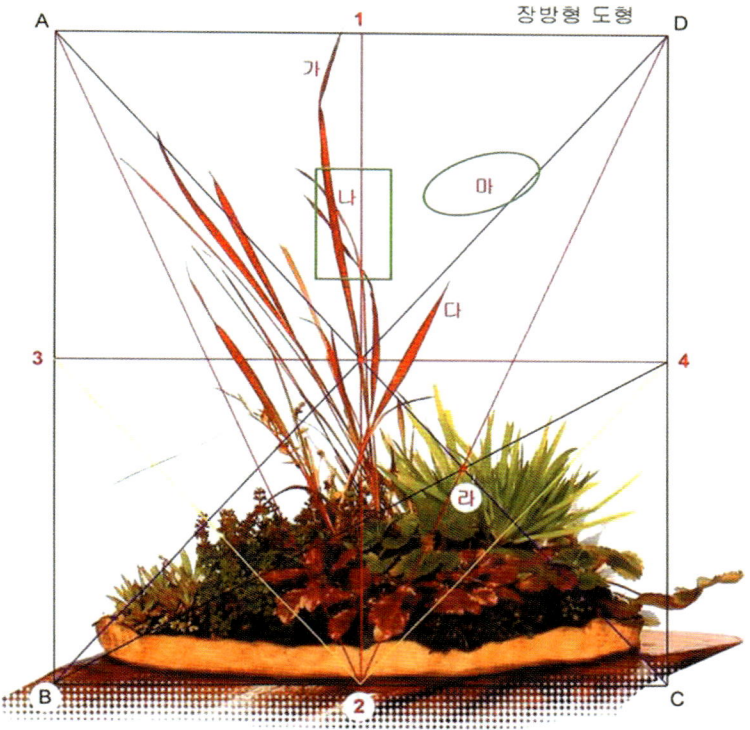

작품 분석

　본 작품 면에 장방형 도형 ABCD를 그리고 A에서 C로, D에서 B로 대각선(청색선)을 그리면 면의 중심에 교차점이 생기며 이 교차점을 통과하는 수직중심선 1, 2를 그리고 수평 중심선 3, 4를 그리면 전체의 면은 중심선(적색선)을 기점으로 4개의 면으로 분할된다.

　다음, 2에서 A, D로 대각선(적색선)을 그리고 2에서 3, 4로 대각선(황색선)을 그리면 도형은 역삼각형 3개(청색, 적색, 황색삼각형)가 되며 초물의 흐름을 알 수 있다. B에서 4로 사선을 그리면 라 부분에 또 하나의 극점이 생긴다. 이 작품은 "트리칼라"를 중심으로 6가지 초물을 합식형으로 심었으며 급작(急作)이 아닌 세월의 흔적이 보이며 배양 관리가 잘 되어 빨간색과 초록색의 색채가 선명하다.

　분재나 초물의 합식에는 합당한 방식이 있으며 초물합식에도 태세장단太細長短의 이치와 색상의 조화로운 배합이라 하겠다. 이러한 논리를 기초로 하면 먼저 적색과 녹색은 조화調和가 아니라 대비對比라 하겠고 이 작품과 같이 라의 녹색과 다의 적색은 서로 배척排斥하려는 힘이 강해서 한 쌍이 못되고 있다.

　작품의 6가지 초물 중 라의 녹색풀만 배합이 안 되고 나머지 초물은 아주 좋은 색감으로 짝을 이루고 있다.

　배식에 있어서 중심 초물 가의 자리가 정 중심에 식재 되었으며 구도적으로 A 방향으로 쓰러지려는 형形이다. 또한 다의 줄기는 전체의 흐름을 잘라버리는 시선이 되었고 나의 부분은 쌍겹 자르기가 되었으며 마 부분이 무의미하게 비어 있다. 초물 식재에서도 주의 깊게 관찰할 점은 선의 흐름이다.

　본 작품을 다시 개작改作한다면 라의 풀을 뽑아내고 라의 극점자리가 황금분할점에 가까우므로 그 지점에 "트리칼라"를 배치함이 바람직하다. 면面의 중심에는 주주가 되는 초물이나 나무를 심지 않는 것이 좋겠다. 전체적 선의 흐름은 C에서 A로 사선을 따라 흐르고 중심의 "트리칼라"는 가을 바람결에 너울거리는 모양이 일품이다.

　※선분의 비례법을 더욱 열심히 공부하기 바란다.

● 소재 : 커리프렌트(허브)

작품 분석

　본 작품의 ABCD 도형은 루트 2 구도로 아주 편안한 면을 갖고 있다. 초물의 구도는 1에서 2, 3으로 그려진 부등변삼각형(적색선) 구도로 1 지점에 황금분할점이 있으나 다 부분이 비어 있는 느낌을 준다.

　기와의 방향을 선택할 때에는 빗물이 흐르는 다 쪽이 아래이고, 이음새가 있는 라 쪽이 위쪽인 것이다.

　그러므로 다 쪽의 흐름을 따라 식재하는 것이 바람직하므로 위 초물을 그대로 들어서 반대방향(청색선)으로 가 부분이 나 위치에 오도록 식재하기 바란다.

　기와의 고태미는 이끼와 초물에 고태감을 주어 습작에 노력하였음이 분명하다.

　좋은 착상에 박수를 보내는 바이다.

● 소재 : 루드베키아 　　　　● 소재 : 사해파

◐ 소재 : 불사조

◐ 소재 : 큰꿩의 비름

집필후기

　화면의 분석과 평론은 그 분야의 전문학자의 몫이어서 본지에서는 수형의 구도상 필요한 면面과 분할에 초점을 두고 삽화하였다.

　우리들이 작품을 할 때 넓은 공간에서 작업을 함으로 수형의 양불(良不)에 대해서 그에 내재 된 각 구성 요소들이 어떻게 전개 되였는지 파악이 안 되므로 점선면의 기조적 관념을 새로이 하고 작품을 하게 될 때 우리들의 분재예술은 더욱 빛날 것이라 생각되어서 다 듬어지지 못한 내용이지만 87세의 고령으로 본지를 집필하게 되었으며 분재예술이 영원하기를 바라는 마음이 집필한 자의 소망일 뿐이다.

　탈고하니 아쉬움과 허전함뿐이며 이 책을 출판하는데 노고를 다 해주신 익명의 분들과 버들미디어 대표 마복남사장께 감사드립니다.

金　廣　濟

참고문헌

1. 伊藤義治(柳亮 外 2人譯), 黃金分割, 기문당.
2. 김춘일외1인. 조형의 기초와 분석. 미진사
3. 멜빈 레이더, 버트칸제섭. 예술과 인간 가치. 믿음과 실천
4. 박강희. 미학사전. 논장.
5. 陸又雄. 中華民國77年. 中國盆景. 淑聲馨出版社.
6. 世界盆栽友好聯盟. Bonsai the world.
7. 張俊根, 盆栽壽石.
8. 藝能協會 柳德熙, 朴哲俊, 金同煥 共著, 한국방송대학교출판부.
9. 렌더링, 李健著, 미진사
10. 조형의 원리. 이대일, 미진사

김동률가정분재연구소

주소:인천광역시 남동구 장수동 386-10
전화 (032)424-0111
핸드폰 011-330-0111

세상에서 가장 아름다운 분재 만들기
盆栽藝術
기본 수형과 분석

김광제 지음

2012년 9월 5일 초판 1쇄 인쇄
2012년 9월 16일 초판 1쇄 발행

펴낸이 마복남 | 펴낸곳 버들미디어 | 등록 제 10-1422호
주소 서울시 마포구 합정동 359-27
전화 (02)338-6165 | 팩스(02)323-6166
E-mail : bba666@naver.com

ISBN 978-89-6418-027-3 03600

정가 48,000원